Rudolf Stumberger

Hartz IV – Der Ratgeber

Bibliografische Information Der Deutschen Bibliothek

Die Deutsche Bibliothek verzeichnet diese Publikation in der Deutschen Nationalbibliografie; detaillierte bibliografische Daten sind im Internet über http://dnb.ddb.de abrufbar.

ISBN 3-7093-0065-7

Konzeption und Realisation: Ariadne-Buch, Christine Proske, München
Redaktion: Cornelia Rüping

Umschlag: stern und AG MEDIA GmbH

1210 Wien, Scheydgasse 24, Tel.: +43/1/24630
www.lindeverlag.at

Druck: Hans Jentzsch & Co. GmbH., 1210 Wien, Scheydgasse 31

Rudolf Stumberger

Hartz IV – Der Ratgeber

Mit verständlichen Erklärungen zum Ausfüllen des Antrags
Arbeitslosengeld II – Befristeter Zuschlag
Grundsicherung für Arbeitsuchende
Erbenhaftung – Zumutbarkeit

Linde international

stern

Inhalt

Vorwort

Ein kurzer, hart klingender Name und eine römische Ziffer haben die Gemüter in Deutschland im Sommer 2004 erhitzt: Hartz IV! Für die einen bedeutet das die größte Attacke auf den Sozialstaat in der Geschichte der Bundesrepublik. Für die anderen steht die Formel für den Anfang vom Ende des Reformstaus, in dem Arbeitslose verwaltet, aber nicht in Beschäftigung vermittelt wurden.

Abbau oder Umbau?

Abbau oder Umbau, lediglich neue Zumutungen oder endlich auch neue Jobs: Was immer Hartz IV bringen wird, die Regelung ist vom 1. Januar 2005 an Realität. Das „Vierte Gesetz für moderne Dienstleistungen am Arbeitsmarkt", so heißt das von einer Kommission unter Leitung des VW-Personalvorstands Peter Hartz erdachte Konzept offiziell, betrifft Millionen Menschen: alle Arbeitslosen- und Sozialhilfeempfänger. Sie bekommen künftig das neue Arbeitslosengeld II. Aber automatisch geht gar nichts. Sie alle müssen Anträge stellen. Sie müssen, unter bestimmten Umständen, für ein bis zwei Euro die Stunde arbeiten gehen. Sie müssen neu rechnen, wie viel staatliche Unterstützung ihnen zusteht. Sie haben andere Ansprüche auf Vermittlung durch ihren Sachbearbeiter in der Arbeitsagentur. Kurz: Sie müssen Bescheid wissen, was ihnen zugemutet werden kann – und was nicht.

Der „Hartz-IV-Ratgeber" hilft Betroffenen, sich zurechtzufinden, und informiert alle Interessierten in allgemein verständlicher Sprache über die Neuregelungen. Das Buch nennt Hilfen zum Ausfüllen der Anträge, gibt Tipps, wie man am besten mit seinem Vermögen umgeht, und liefert umfangreiche Übersichten, welche finanziellen Auswirkungen das Gesetz hat. Der *stern* will mit diesem Ratgeber dazu beitragen, dass Sie bei der Fülle der Änderungen den Überblick behalten. Wir hoffen mit allen Betroffenen, dass Hartz IV das einlösen kann, was die Bundesregierung verspricht: mehr Jobs, weniger Arbeitslosigkeit.

Den Überblick behalten

Frank Thomsen,
Ressortleiter Politik + Wirtschaft, *stern*

Einleitung

Wenn Sie dieses Buch in den Händen halten, gehören Sie entweder zu den mehr als drei Millionen Menschen, die als „erwerbsfähige Hilfebedürftige“ beziehungsweise Arbeitsuchende direkt von den Reformen am Arbeitsmarkt betroffen sind. Oder Sie wollen einfach mehr über das „Vierte Gesetz für moderne Dienstleistungen am Arbeitsmarkt“, wie Hartz IV offiziell heißt, erfahren. Das wesentlich Neue an Hartz IV: Statt Arbeitslosenhilfe wird es für Langzeitarbeitslose künftig die „Grundsicherung für Arbeitsuchende“ geben, geändert haben sich dabei unter anderem die Höhe der Leistungen, die Kriterien für die Zumutbarkeit von Arbeit und die individuelle Betreuung.

„Grundsicherung für Arbeitslose“

Dieses Buch wird Ihnen als Wegweiser durch die neuen gesetzlichen Regelungen dienen. Die wichtigsten Änderungen durch Hartz IV werden zunächst kurz und knapp vorgestellt und dann anhand von Stichwörtern ausführlich erläutert. Konkrete Rechenbeispiele zum neuen Arbeitslosengeld II (ALG II) bringen Ihnen die Auswirkungen von Hartz IV anschaulich und verständlich näher. An geeigneten Stellen finden Sie darüber hinaus Hinweise, die Ihnen beim Ausfüllen des Antrags auf ALG II helfen werden. Nur wenn Sie gut und sachlich informiert sind, können Sie sich mit der neuen Rechtslage auseinander setzen, Ihre Rechte nutzen und an der Diskussion darüber teilnehmen.

Antrag auf ALG II

KAPITEL 1

Einführung zu Hartz IV

Die meisten parlamentarischen Gesetze stehen in größeren politischen sowie wirtschaftlichen Denk- und Argumentationszusammenhängen, das gilt auch für Hartz IV. Es ist Bestandteil eines umfassenden Reformprojekts, mit dem der Sozialstaat massiv umgebaut und modernisiert werden soll.

Die Hartz-Kommission

Im Februar 2002 berief die deutsche Bundesregierung unter Gerhard Schröder eine Kommission mit dem offiziellen Titel „Moderne Dienstleistungen am Arbeitsmarkt“ ein, die so genannte Hartz-Kommission. Damit reagierte die Regierung auf die anhaltend hohe Arbeitslosigkeit, die Kommission sollte Vorschläge zur Reform des Arbeitsmarktes erarbeiten. Insgesamt 15 Mitglieder aus verschiedenen Bereichen der Gesellschaft, darunter Unternehmer, Gewerkschafter, Ministerialbeamte, Wissenschaftler und Arbeitsmarktexperten bildeten diese Kommission. Zum Vorsitzenden wurde Peter Hartz ernannt, damals und heute Vorstandsmitglied bei VW. Er hatte sich unter anderem durch ungewöhnliche Personalkonzepte, durch ein Buch mit dem Titel „Job Revolution“ (Frankfurt am Main 2001) und durch die Schaffung neuer Arbeitsplätze in den Augen der Bundesregierung für diesen Posten qualifiziert.

Reform des Arbeitsmarktes

Übergabe des Hartz-Berichts

Am 16.8.2002 übergab Peter Hartz einen Bericht mit den Vorschlägen der Hartz-Kommission an Bundeskanzler Schröder. Am Nachmittag desselben Tages wurde der Bericht im Französischen Dom in Berlin der Öffentlichkeit präsentiert. Im Vorwort vermittelten die 15 Mitglieder ein Bild ihrer Arbeit: „Der Auftrag der Bundesregierung vom 22. Februar 2002 an die 15 Mitglieder der Kommission ‚Moderne Dienstleistungen am Arbeitsmarkt' war für jeden von uns mehr als ein aufreibender Nebenjob, dem wir uns aus bürgerschaftlicher Verantwortung für das Gemeinwesen gestellt haben. Die Arbeit am Bericht war eine persönliche Herausforderung, das seit vielen Jahren wuchernde gesellschaftliche Übel der Arbeitslosigkeit jenseits der festgefahrenen Diskussionsfronten mit innovativen und konsensfähigen Vorschlägen wirksam und nachhaltig anzugehen." Der ursprüngliche Auftrag der Kommission lautete, die Arbeitsämter zu modernen Dienstleistungsorganisationen umzubauen. Grund dafür war, dass der Bundesrechnungshof im Februar 2002 die Bundesanstalt für Arbeit beschuldigt hatte, Vermittlungszahlen zu ihren Gunsten zu fälschen. Die Aufgabe einer Reform der Arbeitsverwaltung erweiterte die Kommission dann zu einem Gesamtkonzept zur Lösung der Probleme auf dem Arbeitsmarkt.

13 Innovationsmodule

Der Hartz-Bericht umfasste insgesamt 13 so genannte Innovationsmodule. Darin wurden eine ganze Reihe von Maßnahmen und Vorschlägen konkretisiert: zum Beispiel die „Ich-AG", die Zusammenlegung von Arbeitslosen- und Sozialhilfe, die Personal-Service-Agentur (PSA) sowie der Umbau der Arbeitsämter zu „Job-Centern" – alles Begriffe, die sich in den späteren Gesetzen wiederfinden. Insgesamt sei das Ziel eines „Masterplans", so die Kommission, die Zahl der Arbeitslosen in drei Jahren um zwei Millionen zu reduzieren und die Dauer der Arbeitslosigkeit von heute durchschnittlich 33 Wochen auf 22 Wochen zu verkürzen. Dadurch ergäbe sich ein Einsparungspotenzial von bis zu 19,6 Milliarden Euro, das für die Umsetzung der Reformvorschläge zur Verfügung stehe. Dieser Bericht wurde einstimmig von allen Beteiligten angenommen.

Der Masterplan

Agenda 2010

Die Bundestagswahl im September 2002 bestätigte die rot-grüne Koalition in Berlin, und am 14.3.2003 legte Bundeskanzler Schröder dann unter dem Titel „Agenda 2010" in einer Regierungserklärung sein Reformprogramm dar. Darin forderte er neben dem Mut zum Frieden auch den „Mut zur Veränderung". Und in der Tat: Dieses Programm kündigte einen weitreichenden Umbau der deutschen Gesellschaft in den Bereichen Finanzhaushalt, Arbeit, Wirtschaft und soziale Sicherheit an. Der Schwerpunkt der Agenda 2010 lag und liegt im Bereich der Arbeitsmarktpolitik. Was die Hartz-Kommission an Maßnahmen empfohlen hatte, fand sich größtenteils in der Regierungserklärung des Bundeskanzlers vom März 2003 wieder. Dazu gehörten die Förderung von Zeit- und Leiharbeit sowie die Abschaffung der Ar-

Mut zur Veränderung

beitslosenhilfe, die Verschärfung der Zumutbarkeit von Arbeit für Arbeitslose, eine Lockerung des Kündigungsschutzes, die Änderung der Handwerksordnung und vieles mehr. Das Ziel ist, den „Standort Deutschland" im weltweiten Wettbewerb „zukunftsfest" zu machen. Der Umbau des Arbeitsmarktes und der Sozialsysteme soll wirtschaftliches Wachstum anregen, die Arbeitslosigkeit zurückdrängen und die Staatskassen entlasten.

Wirtschaftswachstum

Hartz I bis Hartz IV – die Gesetze

Ein Teil dieses Vorhabens sollte mit den so genannten Hartz-Gesetzen umgesetzt werden: Bereits am 1.1.2003 traten die Gesetzespakete von Hartz I und Hartz II in Kraft – das „Erste" und das „Zweite Gesetz für moderne Dienstleistungen am Arbeitsmarkt", wie sie offiziell heißen. Dabei ging es darum, Leih- und Zeitarbeit über eigens eingerichtete Personal-Service-Agenturen zu ermöglichen. Diese Agenturen stellen Arbeitslose gegen Honorar ein und vermitteln sie als Leiharbeiter an Firmen. Die Arbeitslosen, so die Hoffnung, würden vielleicht an einer ihrer Arbeitsstellen dauerhaft unterkommen („Klebeeffekt"). Jedoch gelangten nur 6.375 Arbeitslose statt der anvisierten Zahl von 500.000 bis zum Januar 2004 auf diese Weise in ein festes Beschäftigungsverhältnis. Außerdem beinhalteten Hartz I und II die Ich-AG, als finanzielle Überbrückungshilfe von der Arbeitslosigkeit in die Selbständigkeit gedacht, und die „Mini-Jobs", mit denen bis zu

Leih- und Zeitarbeit

400 Euro im Monat „brutto für netto" verdient werden dürfen und für die auch die Arbeitgeber nur geringe Pauschalen an Steuer und Sozialversicherung entrichten müssen. 7,5 Millionen dieser Mini-Jobs wurden im April 2004 gezählt, allerdings wird die Hälfte der Jobs von Schülern und Studenten ausgeübt, weitere 20 Prozent von Rentnern.

Umstrukturierung und Modernisierung

Hartz III, das „Dritte Gesetz für moderne Dienstleistungen am Arbeitsmarkt", trat am 1.1.2004 in Kraft. Damit begann der Umbau der Bundesanstalt für Arbeit zur „Bundesagentur für Arbeit". Das Arbeitsamt vor Ort wurde zum „Job-Center", der Arbeitslose zum „Kunden". Durch Umstrukturierung und Modernisierung sollte die Vermittlung in Arbeit effizienter gestaltet und beschleunigt werden. Es gehe nun nicht länger um die Verwaltung von Arbeitslosigkeit, sondern um die vermehrte Vermittlung in Arbeit, lautete die offizielle Devise.

Das Kernstück der weitreichenden Reformen am Arbeitsmarkt findet sich jedoch in Hartz IV, im „Vierten Gesetz für moderne Dienstleistungen am Arbeitsmarkt". Dieses galt als der „gewichtigste Brocken, der im politischen Prozess zu bewältigen war", so drückte es der Bundesminister für Wirtschaft und Arbeit Wolfgang Clement in einer Presseerklärung vom 1.7.2004 aus. Das Regelwerk sieht die Abschaffung der Arbeitslosenhilfe und die Einführung einer „Grundsicherung für Arbeitsuchende" auf dem Niveau der bisherigen Sozialhilfe vor. Langzeitarbeitslose und erwerbsfähige Hilfebedürftige, die bislang Sozialhilfe bezogen haben, erhalten nun Leistungen nach dem so genannten Arbeitslosengeld II. Verschärft wurden gegenüber der bisherigen Arbeitslosenhilfe die Anrechnung von Einkommen und Vermögen sowie die Kriterien für Zumutbarkeit von Arbeit. Dafür soll mithilfe einer effizienteren Vermittlung und individuellen Beratung durch „Fallmanager" der Arbeitslose schneller wieder in Arbeit gebracht werden.

Schnelle Vermittlung in Arbeit

Änderung der Sozialgesetzgebung

61 Artikel

Hartz IV bringt eine ganze Reihe von Maßnahmen und Änderungen mit sich, die das bisher geltende Recht ablösen. In 61 Artikeln sind diese aufgelistet, zum Beispiel gibt es Änderungen im Wohngeldgesetz, im Vertriebenengesetz, im Altersteilzeitgesetz oder im Ausländergesetz. Das Kernstück des Gesetzes – die Grundsicherung für Arbeitsuchende nach Artikel 1 – wurde als Zweites Buch (II) in das Sozialgesetzbuch (SGB) eingefügt, es wird im Text unter der Abkürzung SGB II zitiert.

KAPITEL 2

Die neue „Grundsicherung für Arbeitsuchende“

Hinter dem Kürzel „Hartz IV“ verbirgt sich – und darin sind sich Bundesregierung und Kritiker einig – der bisher größten Umbau des Sozialstaates in der Bundesrepublik Deutschland. Durch das Hartz-IV-Gesetz, dessen Regelungen am 1.1.2005 in Kraft treten, wird die Arbeitslosenhilfe mit der Sozialhilfe für erwerbsfähige Hilfebedürftige in einer neuen „Grundsicherung für Arbeitsuchende“ zusammengelegt, und zwar auf dem Leistungsniveau der bisherigen Sozialhilfe.

Umbau des Sozialstaates

Sozialhilfe (Hilfe zum Lebensunterhalt) wird es ab diesem Zeitpunkt nur noch für einen kleinen Personenkreis von Kindern und von Erwachsenen im Alter unter 65 Jahren, die zeitweise voll erwerbsgemindert sind, geben. Die Grundsicherung für Arbeitsuchende nach dem Sozialgesetzbuch II gilt für alle anderen im Alter zwischen 15 und 65 Jahren, die sowohl erwerbsfähig als auch hilfsbedürftig sind. Das heißt, sie müssen in der Lage sein, mindestens drei Stunden pro Tag zu arbeiten, können ihren Lebensunterhalt aber weder durch eine Erwerbstätigkeit – wegen Arbeitslosigkeit – noch durch sonstige Einkünfte oder Vermögen bestreiten. Diese Personen werden im Hartz-IV-Gesetz als „erwerbsfähige Hilfebedürftige“ bezeichnet.

Erwerbsfähige Hilfebedüftige

Grundsicherung und Arbeitslosengeld II – die wichtigsten Änderungen im Überblick

Die neue Grundsicherung für Arbeitsuchende bringt zwei bisher voneinander getrennte Personenkreise zusammen: die Arbeitslosen, deren Arbeitslosenhilfe sich nach der Höhe des zuletzt erhaltenen Lohns richtete, und die erwerbsfähigen Sozialhilfeempfänger, die pauschalierte Regelsätze nach dem Bundessozialhilfegesetz (BSHG) bezogen. Begründet wurde und wird die Zusammenführung von Arbeitslosen- und Sozialhilfe mit dem problematischen Nebeneinander zweier Leistungssysteme, die teilweise für einen ähnlichen Personenkreis zuständig waren. So musste ein Teil der Arbeitslosenhilfeempfänger auch Sozialhilfe beziehen, um den eigenen Lebensunterhalt bestreiten zu können. Dies galt im ersten Quartal 2004 nach Angaben des Instituts für Arbeitsmarkt- und Berufsforschung[1] für 175.000 Haushalte mit 415.000 Personen. Außerdem organisierten Kommunen Jobvermittlungen für arbeitsfähige Sozialhilfeempfänger, die keinen Anspruch auf Vermittlung durch die Arbeitsagenturen hatten. Daraus ergaben sich doppelte Arbeit und viel Bürokratie, ungeklärte Zuständigkeiten sowie wechselseitige Kostenverschiebungen zwischen Bund (Arbeitslosenhilfe) und Kommunen (Sozialhilfe). Aus diesen Gründen hielten Experten die Zusammenlegung beider Systeme grundsätzlich für sinnvoll.

Verbindung zweier Leistungssysteme

1 Kurzbericht des Instituts für Arbeitsmarkt- und Berufsforschung der Bundesagentur für Arbeit Nr. 11/23.9.2004.

In weiten Teilen lehnen sich die Bestimmungen des Hartz-IV-Gesetzes an die Regelungen an, die zuvor für die Sozialhilfe galten. Dies führt vor allem für die bisherigen Bezieher von Arbeitslosenhilfe zu schärferen Bestimmungen zum Beispiel hinsichtlich der Zumutbarkeit von Arbeit sowie zu geringeren Leistungen, während die Empfänger von Sozialhilfe durch die Neuregelung teilweise besser gestellt werden, etwa weil sie in die gesetzliche Kranken- und Rentenkasse einbezogen werden.

Schärfere Bestimmungen

Wie viele Menschen in Deutschland sind von der Neuregelung durch Hartz IV betroffen?

Werden die bisherigen Arbeitslosenhilfebezieher und die erwerbsfähigen Sozialhilfeempfänger zusammengerechnet, so kann für das Jahr 2005 von rund 3,44 Millionen erwerbsfähigen Arbeitsuchenden ausgegangen werden. Hinzu kommen die Menschen, die in deren Haushalten leben (2,86 Millionen). Insgesamt dürften damit mehr als 5,97 Millionen Menschen von Hartz IV betroffen sein.[2] Das sind rund 150.000 Haushalte und etwa 250.000 erwerbsfähige Hilfebedürftige mehr, als die Bundesregierung erwartet hatte. Diese Menschen erhalten nun anstatt der bisherigen Arbeitslosen- oder Sozialhilfe das „Arbeitslosengeld II" der Grundsicherung für Arbeitsuchende. Den nicht erwerbsfähigen Angehörigen steht das so genannte Sozialgeld zu. Beide Leis-

5,97 Millionen Betroffene

2 Kurzbericht des Instituts für Arbeitsmarkt- und Berufsforschung der Bundesagentur für Arbeit Nr. 11/23.9.2004.

tungen orientieren sich am bisher geltenden Niveau der Sozialhilfe.

Absturz in die Armut?

Leistung nach Hartz IV

Laut Bundesdrucksache 15/1279 erhalten 75 Prozent der bisherigen Arbeitslosenhilfebezieher – das sind rund 1,5 Millionen Menschen – keine Leistung mehr oder nur noch geringere Leistung nach Hartz IV. In Ostdeutschland sind davon 80 Prozent der insgesamt knapp eine Million Arbeitslosenhilfebezieher betroffen.

Auswirkungen von Hartz IV für Bezieher von Arbeitslosenhilfe

IM JUNI 2003	ALTE LÄNDER		NEUE LÄNDER		INS-GESAMT	
	in Mio.	in %	in Mio.	in %	in Mio.	in %
Empfänger von Arbeitslosenhilfe	1,087	100	0,967	100	2,054	100
davon beziehen nach Hartz IV:						
keine Leistung	0,217	20	0,348	36	0,565	27
geringere Leistung	0,554	51	0,425	44	0,979	47
in etwa gleiche Leistung	0,120	11	0,060	6	0,180	9
höhere Leistung	0,196	18	0,135	14	0,331	16

Quelle: Bundesdrucksache 15 /1279, DGB

Keine Leistungen erhalten jene, deren Haushaltseinkommen erheblich über der bisherigen Sozialhilfeschwelle liegt. Das ist zum Beispiel der Fall, wenn der Ehepartner des Arbeitslosen berufstätig ist und ein gutes Einkommen erzielt. Die hohen Einkommenseinbußen für die bisherigen Bezieher von Arbeitslosenhilfe in den neuen Bundesländern entstehen dadurch, dass dort mehr Arbeitslosenhilfebezieher mit einem ausreichenden Haushaltseinkommen leben als in den alten Bundesländern. Finanziell positiv auswirken wird sich die Grundsicherung für Arbeitsuchende hingegen bei Haushalten von

Hohe Einbußen

- Arbeitslosenhilfeempfängern, die bisher schon ein Recht auf ergänzende Sozialhilfe hatten, jedoch nicht zum Sozialamt gingen;
- Arbeitslosen mit einem sehr geringen Einkommen nahe der Sozialhilfe;
- Sozialhilfeempfängern, die künftig in die Kranken- und Rentenversicherung aufgenommen sind.

Geld vom Staat – die neuen Regelleistungen

Alle erwerbsfähigen Hilfebedürftigen, die einen entsprechenden Antrag eingereicht haben, erhalten ab dem 1.1.2005 die Regelleistungen nach der Grundsicherung für Arbeitsuchende.

Regelleistungen

REGELLEISTUNG WEST (MIT BERLIN OST)	
Alleinstehender	345,00 Euro
(Ehe-)Partner	311,00 Euro
Kind unter 15 Jahren	207,00 Euro
Kind 15 bis 18 Jahre	276,00 Euro

Im Osten der Republik gelten niedrigere Regelleistungen als im Westen:

REGELLEISTUNG OST	
Alleinstehender	331,00 Euro
(Ehe-)Partner	298,00 Euro
Kind unter 15 Jahren	199,00 Euro
Kind 15 bis 18 Jahre	265,00 Euro

Zusätzliche Leistungen

Neben diesen Regelleistungen, die den Bedarf an Ernährung, Kleidung, Hygiene, Strom, Verkehr, Kommunikation, Teilnahme am kulturellen Leben etc. decken sollen, gibt es zusätzliche einmalige Leistungen für die Erstanschaffungen in einem Haushalt, die Erstausstattung mit Bekleidung und mehrtägige Klassenfahrten. Werdende Mütter, Alleinerziehende, Menschen mit einer Behinderung oder solche, die sich aufwendig ernähren müssen, können einen monatlichen Zuschlag beantragen. Unter bestimmten Voraussetzungen erhalten ehemalige Bezieher von Arbeitslosenhilfe für zwei Jahre einen befristeten Zuschlag, der die geringeren Leistungen der Grundsicherung für Arbeitsuchende zum Teil ausgleichen soll (siehe Seite 66). Er beträgt höchstens jeweils 160 Euro im Monat für den Erwerbsfähigen sowie seinen Partner und bis zu 60 Euro pro Monat für jedes Kind.

Unterkunft und Heizung

Neben den Regel- und zusätzlichen Leistungen werden in der Grundsicherung für Arbeitsuchende auch die Ausgaben für Unterkunft und Heizung übernommen. Miete, Mietnebenkosten sowie Heizung werden also vom Staat beziehungsweise der Kommune gezahlt, insofern die Kosten angemessen sind.

Mietspiegel

Als angemessen gilt zum Beispiel eine Wohnungsgröße von 45 Quadratmetern für einen Alleinstehenden, die angemessene Miete richtet sich nach dem örtlichen Mietspiegel (zum Beispiel vier Euro pro Quadratmeter in Dresden, über zwölf Euro in München). Man darf auch im eigenen Häuschen oder einer Eigentumswohnung wohnen bleiben. Was hier als angemessen gilt, hängt von den persönlichen Verhältnissen ab, zum Beispiel von der Größe der Familie. Wer allerdings in einer zu teuren Wohnung lebt, der muss entweder untervermieten oder nach einem halben Jahr in eine preisgünstigere Wohnung umziehen.

Um weitere Einzelheiten zu erfahren, lesen Sie unter den folgenden Stichwörtern nach:

- *Arbeitslosengeld*
- *Arbeitslosengeld II*
- *Arbeitslosenhilfe*
- *Ausländer*
- *Bedarfsgemeinschaft*
- *Befristeter Zuschlag*
- *Einstiegsgeld*
- *Grundsicherung für Arbeitsuchende*
- *Hilfebedürftigkeit*
- *Kinderzuschlag*
- *Regelleistung*
- *Sozialgeld*
- *Unterkunft und Heizung*

Antrag und Bedarfsgemeinschaft

16-seitiger Antrag

Das Arbeitslosengeld II erhält nur, wer auch einen Antrag stellt. Dieser besteht aus einem 16-seitigen Formular, in das detaillierte Angaben zu den persönlichen Verhältnissen sowie zum Einkommen und Vermögen des Antragstellers und der Familienmitglieder einzutragen sind. Der Antrag ist bei den Arbeitsagenturen erhältlich. Auf die konkreten Angaben, die sich auf das Ausfüllen des Fragebogens beziehen, wird in diesem Buch jeweils am Seitenrand hingewiesen.

Tag der Antragstellung

Um kein Geld zu verlieren, sollte der Antrag bis allerspätestens 3.1.2005 – das ist der erste Montag im neuen Jahr – gestellt werden. Dies ist auch mündlich direkt bei den Behörden, also bei der zuständigen Arbeitsagentur oder dem kommunalen Träger, möglich. Die Anrechnung der Leistungen beginnt mit dem Tag der Antragstellung. Wer seinen Antrag früher als zum Stichtag stellt, sollte seine persönlichen Verhältnisse im Blick behalten. Wenn sich diese in der Zeit bis zum 1.1.2005 ändern, muss das der Behörde gemeldet werden.

Einen Antrag kann jeder Erwerbsfähige stellen – dazu zählen alle 15- bis 65-Jährigen, die mindestens drei Stunden am Tag arbeiten können. Dies gilt zum Beispiel auch für allein erziehende Väter und Mütter mit einem Kind, das jünger als drei Jahre ist. Diese Alleinerziehenden gelten als erwerbsfähig, auch wenn ihnen eine Arbeit wegen der Kindererziehung nicht zuzumuten ist.

Zudem gibt es in Form von Sozialgeld Leistungen für nicht erwerbsfähige Familienmitglieder oder Mitglieder einer „Bedarfsgemeinschaft". Ob eine solche vorliegt, wird aufgrund der Angaben im Antrag festgestellt. Dazu können neben dem arbeitslosen Antragsteller dessen Ehefrau, die minderjährigen Kinder und Stiefkinder oder auch der Lebenspartner und seine minderjährigen Kinder gehören.

Bedarfsgemeinschaft

Erwerbsfähige in einer Bedarfsgemeinschaft können das ALG II beantragen, Nichterwerbsfähige das Sozialgeld. Allerdings werden auch Einkommen und Vermögen der an einer Bedarfsgemeinschaft Beteiligten angerechnet, ebenso wie ihre Bedarfe, das sind die jeweiligen Regelsätze der Familienmitglieder, zusammengerechnet werden.

BEISPIEL

Familie Lehmann

In der Familie des arbeitslosen Klaus Lehmann besteht ein Bedarf von insgesamt 1.311 Euro pro Monat (Regelleistung West für das Ehepaar von jeweils 311 Euro + Regelleistung Kind 207 Euro + Unterkunft und Heizung 482 Euro). Allerdings verdient Ehefrau Veronika als Bankkauffrau ganz gut, ihr anzurechnendes Einkommen in Höhe von 1.400 Euro wird vom Bedarf abgezogen. Damit liegt es über dem Bedarf – es gibt keine Leistungen vom Staat.

„Anzurechnendes Einkommen", dieser Begriff beinhaltet, dass weder das gesamte Brutto- noch das Nettoeinkommen aus Erwerbstätigkeit dem Bedarf gegengerechnet wird. Vielmehr hat der Gesetzgeber sowohl beim Einkommen aus Erwerbstätigkeit als auch beim Vermögen so genannte Freibeträge eingerichtet, die bei der Berechnung jeweils nicht herangezogen werden.

Freibeträge auf Einkommen aus Erwerbstätigkeit und auf Vermögen

Die Freibeträge bei einem Einkommen aus Erwerbstätigkeit sind nach dessen Höhe gestaffelt. Bei bis zu 400 Euro monatlich bleiben 15 Prozent anrechnungsfrei, bei 401 bis 900 Euro sind das 30 Prozent und bei 901 bis 1.500 Euro wiederum 15 Prozent. Jeder Euro mehr wird voll angerechnet, das ALG II verringert sich also entsprechend. Die Freibeträge werden mit einem etwas komplizierten Verfahren über das bereinigte Nettoeinkommen errechnet, das auf Seite 41 näher erläutert wird. Zur Verdeutlichung: Wer mit einem Nebenverdienst 400 Euro im Monat verdient und Arbeitslosengeld II bezieht, dem bleiben davon maximal 60 Euro. Bisher durften Arbeitslose bis zu 165 Euro monatlich anrechnungsfrei hinzuverdienen.

Volle Anrechnung

Für Bargeldvermögen hat der Gesetzgeber einen Grundfreibetrag von 200 Euro pro Lebensjahr eingeräumt. Er beträgt für jeden erwerbsfähigen Hilfebedürftigen und dessen Partner mindestens je 4.100 Euro und maximal je 13.000 Euro. Für minderjährige Kinder gilt ein Freibetrag von 4.100 Euro. Zudem gibt es für jedes Familienmitglied oder Mitglied der Bedarfsgemeinschaft einen Freibetrag von 750 Euro für „notwendige Anschaffungen“ wie Haushalts-

Grundfreibetrag

geräte oder Winterkleidung. Bei älteren Menschen, die vor 1948 geboren sind, werden höhere Freibeträge angesetzt. Für sie liegt der Freibetrag bei 520 Euro pro Lebensjahr, höchstens jedoch bei 33.800 Euro pro Person.

BEISPIEL

Karl Weiler, 32 Jahre alt

Der 32-jährige Karl Weiler beantragt ALG II. Sein Freibetrag für Bargeldvermögen liegt bei 32 × 200 Euro = 6.400 Euro, für seine 29-jährige Gattin Franka bei 29 × 200 Euro = 5.800 Euro. Zusammen darf das Ehepaar somit einen Grundfreibetrag von 12.200 Euro hinsichtlich ihres Barvermögens nutzen.

Riester-Rente

Nicht als Vermögen gewertet wird die staatlich geförderte Altersversorgung („Riester-Rente"). Zudem gibt es zusätzlich zum Vermögensgrundfreibetrag einen Freibetrag von 200 Euro pro Lebensjahr für Rücklagen, die eindeutig für das Rentenalter bestimmt sind (maximal 13.000 Euro pro Partner). Dabei muss sichergestellt sein, dass dieses Vermögen vor dem Erreichen der Altersgrenze nicht angetastet werden kann.

Auto oder Motorrad

Vom Vermögen ebenfalls ausgenommen sind angemessener Hausrat, selbst genutzte Eigentumswohnungen und selbst bewohnte Häuser. Ein Auto oder Motorrad gilt bis zu einem Verkehrswert von 5.000 Euro als angemessen. Nicht herangezogen wird auch Vermögen, dessen Verwertung mindestens zehn Prozent Verlust bringen würde, da dies „offensichtlich unwirtschaftlich" wäre.

Um weitere Einzelheiten zu erfahren, lesen Sie unter den folgenden Stichwörtern nach:

- *Antrag/Fragebogen*
- *Anzurechnendes Einkommen*
- *Anzurechnendes Vermögen*
- *Bedarfsgemeinschaft*
- *Erbenhaftung*
- *Erwerbsfähigkeit*
- *Kindergeld*
- *Wohngeld*
- *58er-Regelung*

Fallmanager, Vertrag und zumutbare Arbeit

„Fordern und Fördern"

„Fordern und Fördern“ heißt das Grundprinzip der Hartz-IV-Gesetzgebung. Der erwerbsfähige Hilfebedürftige oder Arbeitslose soll selbst aktiv werden, um seine Hilfebedürftigkeit zu überwinden – das beschreibt der Begriff „Fordern“. Dafür fördert ihn der Staat in Form von Maßnahmen, die zur Eingliederung in Arbeit führen sollen.

Zuständig für diese beiden Aspekte ist der „Fallmanager“, der zum einen Aufgaben des bisherigen Sachbearbeiters im Arbeitsamt, zum anderen des Sozialpädagogen im Sozialamt erfüllt. Das heißt, dass sich der Fallmanager sowohl um die Vermittlung von Arbeitsstellen bemühen als auch die persönlichen Lebensverhältnisse und Probleme des „Kunden“ berücksichtigen muss.

Dadurch soll sichergestellt werden, dass er für jeden einzelnen Fall das genau passende Beratungskonzept erstellen kann, der arbeitslosen Mutter zum Beispiel einen Kindergartenplatz besorgt oder dem Alkoholkranken eine Therapie ermöglicht, um so die individuellen „Vermittlungshindernisse" in Arbeit zu überwinden. Ein Fallmanager soll künftig 75 Hilfebedürftige betreuen – eine Zahl, die zumindest für das erste Jahr der Geltung von Hartz IV als unrealistisch angesehen wird. Der Fallmanager wird zunächst wohl wesentlich mehr „Kunden" betreuen müssen.

Hindernisse überwinden

Fallmanager und Arbeitsloser schließen eine so genannte Eingliederungsvereinbarung ab, eine Art Vertrag, der zunächst für sechs Monate gilt. In ihm ist einerseits geregelt, welche Eingliederungsleistungen der erwerbsfähige Hilfebedürftige erhält, und andererseits, welche Bemühungen dieser unternehmen muss und wie er diese nachzuweisen hat. Inhalt einer Eingliederungsvereinbarung kann zum Beispiel die Teilnahme an einer Fortbildungsmaßnahme, Hilfe bei der Betreuung eines Kindes, der Nachweis von getätigten Bewerbungen oder die Zuweisung einer Arbeitsstelle nach den neuen Kriterien der Zumutbarkeit sein.

Eingliederungsvereinbarung

Eine der weitreichendsten Änderungen durch Hartz IV besteht in der Neuregelung für die Zumutbarkeit von Arbeit. Zumutbar ist nun praktisch jede Arbeit, auch wenn sie nicht dem früheren Beruf oder der Ausbildung entspricht, wenn der neue Arbeitsplatz weiter entfernt liegt als der alte oder wenn die Bedingungen ungünstiger sind als bei der letzten Tätigkeit. Auch ein Lohn bis zu 30 Prozent unter dem Tariflohn ist zulässig.

Das bedeutet, dass zum Beispiel eine arbeitslose Diplompsychologin oder eine arbeitslose Krankengymnastin in Hannover im Prinzip einen Job als ungelernte Verkäuferin für rund 900 Euro annehmen müsste. Denn bei einem Tariflohn von 1.152 Euro brutto für ungelernte Verkäuferinnen läge dieses Entgelt noch immer innerhalb der Toleranzzone.

„Ein-Euro-Jobs"

Neu ist auch, dass Betroffene Arbeitsgelegenheiten – das sind die „Ein-Euro-Jobs" – annehmen müssen. Darunter fallen Beschäftigungsverhältnisse zum Beispiel im Krankenhaus oder bei der Friedhofsverwaltung, in denen „gemeinnützige und zusätzliche" Tätigkeiten ausgeführt werden. Das bedeutet, dass diese Jobs keine regulären Arbeitsplätze ersetzen dürfen, die „Mehraufwandsentschädigung" von einem bis zwei Euro pro Stunde wird zusätzlich zum ALG II gezahlt.

Wichtige Gründe

Um ein Arbeitsangebot ablehnen zu können, müssen „wichtige Gründe" vorliegen. Diese sind gegeben, wenn jemand

- zu bestimmten Tätigkeiten „körperlich, geistig und seelisch" nicht in der Lage ist;
- ein Kind aufzieht, das jünger als drei Jahre ist, oder
- einen Angehörigen pflegt.

Um weitere Einzelheiten zu erfahren, lesen Sie unter den folgenden Stichwörtern nach:

- *Ein-Euro-Jobs (Arbeitsgelegenheiten)*
- *Eingliederungsvereinbarung*
- *Fallmanager*
- *Zumutbarkeit*

Leistungskürzung und junge Arbeitslose

Pflichtverletzungen

In den Bereich des „Forderns“ fallen darüber hinaus drastische Leistungskürzungen, wenn ein erwerbsloser Hilfebedürftiger seine Pflichten verletzt. Dies tut er zum Beispiel, wenn er eine Arbeitsstelle, eine Fortbildung oder eine Arbeitsgelegenheit unbegründet ablehnt. In einem solchen Fall wird das ALG II für drei Monate um 30 Prozent gekürzt.

Zehn Prozent weniger Leistung gibt es für denjenigen, der einen Termin bei der Bundesagentur für Arbeit oder bei einer ärztlichen Untersuchungsstelle nicht wahrnimmt. Auch wer eine Eingliederungsvereinbarung nicht unterschreibt oder betrunken bei einer Fortbildung erscheint, dem wird das Arbeitslosengeld II gekürzt. Wenn sich derartige Pflichtverletzungen häufen, können sämtliche Geldbezüge gestrichen werden.

Jugendliche Arbeitslose unter 25 Jahren werden bei der Grundsicherung für Arbeitsuchende stärker gefördert, aber auch mehr gefordert. Einerseits haben

Härtere Sanktionen

sie einen Anspruch auf Vermittlung durch die Bundesagentur für Arbeit in eine Arbeits- oder Ausbildungsstelle, andererseits müssen sie aber mit härteren Sanktionen rechnen als andere erwerbsfähige Hilfebedürftige: Bereits bei der ersten Pflichtverletzung kann die Behörde das ALG II komplett streichen, die Miete und die Kosten für die Heizung werden in derartigen Fällen direkt an den Vermieter entrichtet. An den erwerbsfähigen Hilfebedürftigen leistet der Staat über einen Zeitraum von drei Monaten nur Sachleistungen.

Widerspruch

Gegen jede Art von Entscheidungen der Behörde – zum Beispiel gegen Leistungskürzungen – kann der Betroffene Widerspruch einlegen, die amtlichen Bescheide müssen eine entsprechende Rechtsmittelbelehrung enthalten.

Zudem denkt der Gesetzgeber daran, einen Ombudsrat einzurichten. Das dreiköpfige Gremium soll Anfang des Jahres 2005 seine Arbeit aufnehmen und die Rechte der Bürger in Sachen Hartz IV gegenüber den Behörden vertreten – es handelt sich also um eine Art Beschwerdestelle.

Um weitere Einzelheiten zu erfahren, lesen Sie unter den folgenden Stichwörtern nach:

- ▶ *Junge Arbeitslose*
- ▶ *Kommunale Träger*
- ▶ *Leistungskürzungen/Sanktionen*
- ▶ *Widerspruch*

Hartz IV im Detail nach Stichworten

Antrag/Fragebogen

> *„Die Leistungen der Grundsicherung für Arbeitsuchende werden auf Antrag erbracht."* *(§ 37 SGB II)*

Im Unterschied zur ▶*Sozialhilfe* werden Leistungen beim ▶*Arbeitslosengeld II* erst gezahlt, nachdem ein Antrag gestellt wurde. Sozialhilfe hat einzusetzen, sobald dem Sozialamt bekannt wird, dass eine ▶*Hilfebedürftigkeit* vorliegt, es muss kein förmlicher Antrag gestellt werden. Ein Leistungsanspruch auf ALG II besteht ab dem Tag der Antragstellung und frühestens ab dem 1.1.2005.

Leistungsanspruch

Der Gesetzgeber geht davon aus, dass der Antragsteller auch für seinen Partner und die Angehörigen spricht, also die Vertretung der ▶*Bedarfsgemeinschaft* übernimmt: Soweit keine Anhaltspunkte dem entgegenstehen, zum Beispiel eigene Anträge dieser im Haushalt Lebenden, wird vermutet, dass der erwerbsfähige Hilfebedürftige bevollmächtigt ist, Leistungen der Grundsicherung für Arbeitsuchende auch für die mit ihm in einer Bedarfsgemeinschaft lebenden Personen zu beantragen und entgegenzunehmen. Eine Bedarfsgemeinschaft kann zum Beispiel eine Familie mit einem minderjährigen Kind sein. Leben mehrere erwerbsfähige Hilfebedürftige in einer Bedarfsgemeinschaft, ist nur ein Antrag notwendig.

Bedarfsgemeinschaft

In einem solchen Fall wird davon ausgegangen, dass derjenige die Bedarfsgemeinschaft vertritt, der die Leistungen beantragt. Dennoch können Mitglieder der Bedarfsgemeinschaft selbst einen Antrag stellen, wenn sie mit einer Vertretung durch den Antragsteller nicht einverstanden sind.

Anträge werden verschickt

Seit dem 1.10.2004 verschicken die Bundesagentur für Arbeit und die kommunalen Träger an erwerbsfähige Hilfebedürftige, die Arbeitslosenhilfe, Eingliederungshilfe für Spätaussiedler oder Sozialhilfe beziehen, Antragsformulare für das ALG II. In ihnen wird nach den allgemeinen Daten des Antragstellers und der Angehörigen, nach persönlichen Verhältnissen sowie nach dem ▶*anzurechnenden Einkommen* und dem ▶*anzurechnenden Vermögen* der Bedarfsgemeinschaft gefragt. Die Größe der Familie, das etwaige Einkommen des (Ehe-)Partners, vorhandene Sparkonten und sonstiges Vermögen – alle Angaben hierzu entscheiden über Bedürftigkeit und Bedarf, wirken sich somit auf die Höhe der gezahlten ▶*Regelleistung* aus.

Siehe Antrag Seite 3 „Persönliche Verhältnisse"

TIPP

Zum Unterschied zwischen Haushaltsgemeinschaft und Bedarfsgemeinschaft

Die Bundesagentur für Arbeit weist darauf hin, dass in den Fragebögen noch nicht hinreichend zwischen den Angehörigen einer Bedarfsgemeinschaft und Mitgliedern der Haushaltsgemeinschaft unterschieden wird. Ein volljähriges Kind und/oder der Großvater können zum Beispiel zur Hausgemeinschaft zählen, keiner der beiden gehört aber zur Bedarfsgemeinschaft des Antragstellers. Im Fragebogen müssen diese Personen trotzdem genannt werden,

QUITTUNG

Buchhandlung Walthari Wissenschaften
Bertoldstr. 28 D-79098 Freiburg
Tel. 0761/387772210 Fax. 0761/387772219
Mail: service@bookworld.de

31.03.05/0099 16:16 Kasse: 52 EUR

Artikel Mg.	Preis	MwSt.	Summe
Stumberger/Hartz IV - Der Ratg			
WGR 1050 3-7093-0065-7			
1	9,90	7,00%	9,90
Websterñs student dictionary			
WGR 1017 3-89893-980-4			
1	5,00	7,00%	5,00
TOTAL		0,98	14,90
Nettoentgelt: EUR 13,92			
GEGEBEN Bar			20,00
RÜCKGELD			5,10

Besuchen Sie uns im Internet 24/24h
www.bookworld.de
Beleg bitte lichtgeschützt aufbewahren!
Steuernr.06396/12010 USt.ID DE142100961

QUITTUNG

Buchhandlung Walthari Wissenschaften
Bertoldstr. 28 D-79098 Freiburg
Tel. 0761/387772210 Fax. 0761/387772219
Mail: service@bookworld.de

31.03.05/0099 16:16 Kasse: 52 EUR

Artikel	Mg.	Preis	MwSt.	Summe
Stumberger/Hartz IV - Der Ratg				
WGR 1050 3-7093-0065-7				
	1	9,90	7,00%	9,90
Websterñs student dictionary				
WGR 1017 3-89893-980-4				
	1	5,00	7,00%	5,00

TOTAL		0,98	14,90
Nettoentgelt: EUR 13,92			
GEGEBEN Bar			20,00
RÜCKGELD			5,10

Besuchen Sie uns im Internet 24/24h
www.bookworld.de

Beleg bitte lichtgeschützt aufbewahren!
Steuernr.06396/12010 Ust.ID DE142100961

da diese Angaben für die Berechnung der Kosten für Unterkunft notwendig sind. Dies gilt nicht für eine reine Wohngemeinschaft wie etwa bei Studenten. Während in einer Bedarfsgemeinschaft sowohl der Antragsteller als auch die Mitglieder über ihre persönlichen Einkommens- und Vermögensverhältnisse Auskunft geben müssen, sind die Angehörigen der Haushaltsgemeinschaft nicht dazu verpflichtet.

Im Zusatzblatt 1, wo es um die Feststellung der angemessenen Kosten für Unterkunft und Heizung geht, sind aber wiederum alle in einem Haushalt lebenden Personen anzugeben, da jeder Person ein entsprechender Mietanteil zugerechnet wird.

Siehe Antrag Zusatzblatt 1 „Kosten für Unterkunft und Heizung"

TIPP

Angaben zum Vermieter

Auf diesem Zusatzblatt werden auch Daten zum Vermieter abgefragt. Die Angaben zu Namen, Anschrift und Konto des Vermieters sind jedoch freiwillig. Die Behörde erfragt diese Informationen erst dann verbindlich, wenn die Unterbringungskosten direkt an den Vermieter gezahlt werden sollen (▶ *Leistungskürzungen/Sanktionen*).

Der Antragsteller ist allgemein verpflichtet, im Antrag richtige Angaben zu machen. Unrichtige Angaben können zu Leistungsentzug führen und sogar bestraft werden. Aber nicht nur der Antragsteller, auch Arbeitgeber und andere Dritte (zum Beispiel Banken) sind auskunftspflichtig:

> *„Wer jemandem, der eine Leistung nach diesem Buch beantragt hat oder bezieht, zu Leistungen verpflichtet ist, die geeignet sind, Leistungen nach diesem Buch auszuschließen oder zu mindern,*

oder wer für ihn Guthaben führt oder Vermögensgegenstände verwahrt, hat der Agentur für Arbeit auf Verlangen hierüber sowie über damit im Zusammenhang stehendes Einkommen oder Vermögen Auskunft zu erteilen, soweit es zur Durchführung der Aufgaben nach diesem Buch erforderlich ist." (§ 60 SGB II)

Siehe Antrag Zusatzblatt 2.1 Verdienstbescheinigung

Bei der Einkommenserklärung (Zusatzblatt 2 des Antrags) wird nach einer Verdienstbescheinigung gefragt, zum Beispiel wenn die Ehefrau erwerbstätig ist. Dafür gibt es mittlerweile ein gesondertes Formular (Zusatzblatt 2.1), das der Arbeitgeber ausfüllen kann, ohne dass er möglicherweise alle anderen Daten des Zusatzblattes 2 zu sehen bekommt.

TIPP

Hartz IV nicht boykottieren

Die Koordinierungsstelle gewerkschaftlicher Arbeitslosengruppen rät dringend davon ab, den Antrag aus Protest gegen Hartz IV zu boykottieren, wie manchmal empfohlen wird. Denn ohne Antrag werden keine Leistungen gewährt und der Erwerbslose steht ohne Geld da. Antragsteller sollten das Formular erst einmal ganz in Ruhe durchlesen und erst danach ausfüllen. Im Zweifelsfall können sich Betroffene vor Ort beraten lassen.
Adressen von Beratungsstellen in Wohnortnähe finden sich zum Beispiel unter www.erwerbslos.de/adressen.

Anzurechnendes Einkommen

„Als Einkommen zu berücksichtigen sind Einnahmen in Geld oder Geldeswert ..." (§ 11 SGB II)

Leistungen werden im Rahmen des ALG II nur dann gezahlt, wenn ▶*Hilfebedürftigkeit* vorliegt, also wenn der Lebensunterhalt nicht aus eigenem Einkommen oder durch ▶*anzurechnendes Vermögen* bestritten werden kann. Das heißt, dass Einkommen und Vermögen aller Mitglieder einer ▶*Bedarfsgemeinschaft* und unter bestimmten Voraussetzungen der im Haushalt lebenden weiteren Personen, zu berücksichtigen ist.

Hilfebedürftigkeit

Damit ist auch das Einkommen des (Ehe-)Partners eines erwerbsfähigen Hilfsbedürftigen anzurechnen, das gilt unter Umständen auch für Einkommen von im gemeinsamen Haushalt lebenden Verwandten und Verschwägerten (siehe dazu Seite 43 f.). Das Einkommen von minderjährigen Kindern, zum Beispiel das Kindergeld, muss aber nicht für den Bedarf der Eltern oder eines Elternteils eingesetzt werden, es wird lediglich hinsichtlich des eigenen Bedarfs berücksichtigt.

BEISPIEL: Hätte ein Kind ein monatliches Einkommen von 800 Euro, zum Beispiel Kapitalerträge, so würden diese nur auf den Bedarf des Kindes angerechnet, nicht aber auf den der Eltern. In diesem Fall wäre aber der Bedarf des Kindes gesichert und der Kindergeldbetrag würde auf das Einkommen des Kindergeldberechtigten angerechnet.

Unterhaltszahlungen

Eltern, die ALG II oder Sozialgeld erhalten, werden nicht zu Unterhaltszahlungen an ihre volljährigen Kinder herangezogen. Auch volljährige Kinder, deren Eltern ALG II oder Sozialgeld beziehen, brauchen für diese keinen Unterhalt zu zahlen.

Als Einkommen werden alle Einnahmen in Geld oder Geldeswert betrachtet, also zum Beispiel aus einer nichtselbständigen oder selbständigen Erwerbstätigkeit, ebenso das Arbeitslosengeld, Krankengeld, Renten, Kapital- und Zinserträge, Einnahmen aus Vermietung und Verpachtung und das Kindergeld. Eine ganze Reihe von Einkommensarten werden allerdings nicht auf den Bedarf angerechnet, sie werden als privilegierte Einkommen bezeichnet. Dazu zählen:

Privilegierte Einkommen

- Leistungen nach dem SGB II selbst, also das ALG II
- Grundrenten nach dem Bundesversorgungsgesetz, zum Beispiel dem Soldatenversorgungsgesetz, dem Gesetz über die Entschädigung für Opfer von Gewalttaten, dem Zivildienstgesetz
- Erziehungsgeld
- Arbeitsförderungsgeld in Werkstätten für behinderte Menschen
- Zuwendungen der freien Wohlfahrtspflege, zum Beispiel der Arbeiterwohlfahrt, Caritas, des Diakonischen Werks etc.
- Blindengeld
- Einige Einkommensleistungen für Soldaten im Auslandseinsatz

Alle anderen Einkommen sind auf den Bedarf anzurechnen. Allerdings werden von dem Bruttoeinkommen folgende Bestandteile abgezogen:

- Auf das Einkommen entrichtete Steuern, zum Beispiel Lohnsteuer, Kirchensteuer, Gewerbesteuer
- Pflichtbeiträge zur Sozialversicherung (bei Arbeitnehmern: Arbeitslosen-, Kranken- und Pflegeversicherung; bei Selbständigen: Altershilfe für Landwirte, Handwerkerversicherung, Unfallversicherung)
- Beiträge für öffentliche oder private Versicherungen oder ähnliche Einrichtungen, zum Beispiel Sterbekasse, private Kranken- oder Pflegeversicherung, private Haftpflichtversicherung, Hausrat- und Diebstahlversicherung, Kfz-Haftpflichtversicherung
- Die nach dem Einkommensteuergesetz geförderten Altersvorsorgebeiträge („Riester-Rente")
- Notwendige Aufwendungen zum Erwerb, zur Sicherung und zur Erhaltung der Einnahmen (Werbungskosten wie zum Beispiel die Kosten der doppelten Haushaltsführung, Gewerkschaftsbeiträge oder Aufwendungen für Arbeitskleidung etc.)
- Der Freibetrag für Erwerbstätige

Sterbekasse

In einer Verordnung vom 29.9.2004 zu Einkommen und Vermögen hat die Bundesregierung Pauschalbeträge für einzelne Abzüge definiert. Danach können folgende Summen vom Einkommen abgesetzt werden:

Pauschalbeträge

- Für private Versicherungen (zum Beispiel Hausrat, private Haftpflicht) monatlich 30 Euro
- Für Werbungskosten monatlich rund 15 Euro

- Für Wegstrecken zur Arbeit monatlich 0,06 Euro pro Kilometer
- Für Betriebsausgaben bei Einkommen aus einer selbständigen Erwerbstätigkeit 30 Prozent der Einnahmen

Freibetrag für Erwerbstätige

Lassen sich höhere notwendige Ausgaben nachweisen, können für Werbungskosten, Wegstrecken und Betriebsausgaben auch höhere Beträge abgesetzt werden. Der Freibetrag für Erwerbstätige ist nach § 30 SGB II definiert:

> *„Bei erwerbsfähigen Hilfebedürftigen, die erwerbstätig sind, ist von dem um die Absetzbeträge nach § 11 Abs. 2 Nr. 1 bis 5 bereinigten monatlichen Einkommen aus Erwerbstätigkeit ein Betrag*
> 1. *in Höhe von 15 vom Hundert bei einem Bruttolohn bis 400 Euro,*
> 2. *zusätzlich in Höhe von 30 vom Hundert bei dem Teil des Bruttolohns, der 400 Euro übersteigt und nicht mehr als 900 Euro beträgt und*
> 3. *zusätzlich in Höhe von 15 vom Hundert bei dem Teil des Bruttolohns, der 900 Euro übersteigt und nicht mehr als 1.500 Euro beträgt,*
>
> *abzusetzen."*

Der Gesetzgeber sieht somit Freibeträge abgestuft nach der Höhe des Bruttoeinkommens vor. Bei einem Bruttolohn von bis zu 400 Euro macht der anzurechnende Freibetrag 15 Prozent aus, bei einem Bruttolohn von 401 bis 900 Euro 30 Prozent und bei einem Bruttolohn von 901 bis 1.500 Euro wieder 15 Prozent. Die Einkommensteile, die über 1.500 Euro hinausgehen, werden voll auf den Bedarf angerechnet.

Bei einem Bruttolohn von 850 Euro zum Beispiel wird auf die ersten 400 Euro ein Freibetrag von 15 Prozent angerechnet, auf die restlichen 450 Euro ein Freibetrag von 30 Prozent. Die konkrete Berechnung des Freibetrags ist ein eher kompliziertes Verfahren und soll hier anhand eines Beispiels erläutert werden.

Kompliziertes Verfahren

BEISPIEL

Ehepaar Brandner: Berechnung des Freibetrags

Herr Erich Brandner bezieht ALG II, seine Ehefrau Erika arbeitet als Verkäuferin und verdient 1.800 Euro brutto. Von diesen 1.800 Euro verbleibt nach Abzug der Steuern und Sozialversicherungsbeiträge ein Nettoeinkommen von 1.350 Euro.

Im ersten Berechnungsschritt wird das Verhältnis von Brutto- und Nettoeinkommen ermittelt:

$$\frac{\text{Nettoeinkommen} = 1.350 \text{ Euro}}{\text{Bruttoeinkommen} = 1.800 \text{ Euro}}$$

Dabei ergibt sich eine Quote von 0,75.

Im zweiten Berechnungsschritt wird diese Quote auf die drei Stufen des Freibetrags angewendet:

1. Stufe bis 400 Euro	400 Euro × 0,75 = 300 Euro
2. Stufe bis 900 Euro	500 Euro × 0,75 = 375 Euro
3. Stufe bis 1.500 Euro	600 Euro × 0,75 = 450 Euro

Die 300, 375 und 450 Euro sind also die Nettobeträge, anhand derer die Freibeträge errechnet werden.

Im dritten Berechnungsschritt werden die Freibeträge nach den Prozentsätzen des § 30 SGB II errechnet.

1. Stufe	300 Euro × 15 Prozent = 45,00 Euro
2. Stufe	375 Euro × 30 Prozent = 112,50 Euro
3. Stufe	450 Euro × 15 Prozent = 67,50 Euro

Der Freibetrag für Erika Brandner beträgt dann:
45,00 Euro + 112,50 Euro + 67,50 Euro = 225,00 Euro

Dieser Freibetrag wird vom Nettoeinkommen abgezogen:
1.350,00 Euro (Nettoeinkommen) – 225 Euro (Freibetrag)

Dabei ergibt sich ein anzurechnendes Einkommen von 1.125 Euro.
Auf die Leistungen von Erich Brandner im Rahmen des ALG-II-Bezugs werden somit 1.125 Euro von dem Einkommen der Ehefrau angerechnet.

ANMERKUNG: Im Ergebnis fällt der Freibetrag bei Erwerbstätigkeit nach ALG II in der Masse der Fälle deutlich geringer aus als mit den bisherigen Regelungen für Sozialhilfe und Arbeitslosenhilfe, so ein Fazit der Arbeitnehmerkammer Bremen vom Juli 2004.[3] Bis zu einem Bruttoarbeitsentgelt von rund 1.000 Euro führt die Neuregelung des Arbeitslosengeldes II gegenüber der bisherigen Regelung in der Arbeitslosenhilfe zu einer Schlechterstellung (bis 850 Euro bei Sozialhilfe), geht es darüber hinaus, bewirkt sie eine Verbesserung.

BEISPIEL

Wie wird das Einkommen zum Bedarf gegengerechnet?

Bei Erich und Erika Brandner mit ihrer vierjährigen Tochter sieht die Rechnung folgendermaßen aus:

3 www.arbeitnehmerkammer.de/sozialpolitik.

Bedarf (neue Bundesländer)	
Ehepartner	298 Euro
Ehepartner	298 Euro
Tochter, vier Jahre	199 Euro
Unterkunft und Heizung	392 Euro
Bedarf insgesamt	1.187 Euro

Von diesem errechneten Bedarf der Familie Brandner wird nun das Einkommen abgezogen:

Berechnung ALG II	
Bedarf	1.187 Euro
Anzurechnendes Einkommen:	Verdienst der Ehefrau: 1.125 Euro Kindergeld: 154 Euro
Bedarf abzüglich Einkommen	–92 Euro

Da in diesem Beispiel ein anzurechnendes Familieneinkommen von 1.279 Euro (inklusive Kindergeld) vorliegt, ist eine Bedürftigkeit nicht mehr gegeben. Erich Brandner erhält somit keine Leistungen nach dem ALG II.

Wie wird das Einkommen von Verwandten und Verschwägerten im Haushalt angerechnet?

Leben Angehörige nicht mit dem Hilfebedürftigen zusammen, müssen sie auch nicht ihr Einkommen für ihn einsetzen. Aber: Leben Hilfsbedürftige in einem gemeinsamen Haushalt mit Verwandten oder Verschwägerten, dann geht der Gesetzgeber nach § 9 Absatz 5 SGB II von der Vermutung aus, dass diese Personen Leistungen zum Lebensunterhalt erbringen. Im der Verordnung zur Anrechnung von Einkommen und Vermögen ist auch eine Regelung ent-

Leistungen zum Lebensunterhalt

halten, die sich auf Einkommen von Verwandten und Verschwägerten bezieht.

BEISPIEL

Hermine Keller: die Schwester von Herrn Brandner

Hermine Keller ist die Schwester von Erich Brandner und lebt mit seiner Familie in einem Haus. Sie trägt ihren Teil zur Miete und für Lebensmittel bei, die Mahlzeiten werden gemeinsam eingenommen und auch die Küche darf jeder benutzen. Es liegt also ein gemeinsamer Haushalt vor, und das Einkommen von Hermine Keller wird nach Abzügen von speziellen Freibeträgen als Unterhaltsleistung berücksichtigt.

Der Fall könnte aber auch ganz anders aussehen: Etwa wenn eine Schwester im gleichen Haus wie ihr Bruder wohnt, aber für ihr Zimmer einen Untermietvertrag abgeschlossen hat und Miete für dieses Zimmer und die Mitbenutzung von Küche und Bad zahlt. Ihre Lebensmittel kauft sie alleine ein. Dann liegt keine gemeinsame Haushaltsführung vor und somit werden auch keine Unterhaltsleistungen erbracht.

Siehe Antrag Seite 4 und 5 „Einkommensverhältnisse und „Vermögensverhältnisse"

TIPP

Den Sachverhalt genau angeben

Ein derartiger Sachverhalt, das Wohnen im gleichen Haus bei getrennter Haushaltführung, muss der Agentur für Arbeit ausdrücklich zur Kenntnis gebracht werden, zum Beispiel auf einem Extrablatt zum Antrag. Denn sonst wird sie von einer gemeinsamen Haushaltsführung ausgehen!

Anders sieht es aus, wenn Verwandte und Verschwägerte nicht mit dem Hilfebedürftigen zusammenwohnen. Dann sind sie auch nicht verpflichtet, ihr

Einkommen für den Hilfebedürftigen einzusetzen. Dies ist nur dann der Fall, wenn aufgrund einer Gerichtsentscheidung eine Unterhaltsforderung besteht, zum Beispiel für einen Ehegatten nach der Scheidung oder für ein Kind gegenüber einem Elternteil. Werden diese Unterhaltszahlungen aber nicht tatsächlich bezahlt, erfolgt auch keine Anrechnung auf den Bedarf des Antragstellers.

Gerichtsentscheidung

Anzurechnendes Vermögen

„Als Vermögen sind alle verwertbaren Vermögensgegenstände zu berücksichtigen."
(§ 12 SGB II)

Der Bedarf eines allein stehenden Erwerbslosen oder einer Familie (▶*Bedarfsgemeinschaft*) und somit die Leistung nach ▶*Arbeitslosengeld II* hängt nicht nur vom ▶*anzurechnenden Einkommen*, sondern auch von der Vermögenssituation des Antragstellers beziehungsweise der Bedarfsgemeinschaft ab. Dabei gilt die Faustregel: Zum Einkommen zählt alles, was hinzukommt, zum Vermögen alles, was schon da ist. So gehört das Geld auf Girokonten, auf Sparbüchern und in Bausparverträgen zum Vermögen, ebenso fallen Sparbriefe und sonstige Wertpapiere, Lebensversicherungen, Immobilien, Schmuck, Goldbarren, Gemälde, Möbel, wertvolle Bücher und Teppiche darunter. Der erwerbslose Hilfebedürftige wird nach dem SGB II darauf verwiesen, zunächst diese Vermögenswerte zu verbrauchen, bevor er Leistungen nach der Grundsicherung für Arbeitsuchende erhält.

Faustregel

Allerdings gibt es hier bestimmte Freibeträge und Ausnahmen, die im Folgenden erläutert werden. Die Vermögensanrechnung im ALG II ist den Regelungen des zum 1.1.2003 verschärften Arbeitslosenhilferechts angeglichen worden.

Verkehrswert des Vermögens

Das Vermögen ist zum Zeitpunkt der Antragstellung für ALG II mit seinem Verkehrswert zu berücksichtigen. Darunter ist der Geldbetrag zu verstehen, der durch eine Verwertung des Vermögensgegenstands im freien Geschäftsverkehr zu erzielen wäre, also der erzielbare Erlös, wenn zum Beispiel ein Grundstück, eine Eigentumswohnung, eine Goldkette oder ein wertvoller Perserteppich verkauft würde. Als verwertbar gilt ein Vermögen, wenn es für den Lebensunterhalt genutzt oder sein Geldwert durch Verkauf, Verbrauch, Beleihung, Vermietung oder Verpachtung zum Lebensunterhalt beitragen kann. Nicht verwertbar sind solche Vermögensgegenstände, auf die der Besitzer nicht zugreifen kann, zum Beispiel die wertvolle chinesische Vase, die gerade verpfändet ist.

Ausnahmen

Der Gesetzgeber hat eine ganze Reihe von Ausnahmen bei der Anrechnung von Vermögen festgelegt:

1. Angemessener Hausrat: Dazu gehören alle Gegenstände, die benötigt werden oder zumindest üblich sind, um einen Haushalt zu führen und zu wohnen. Das sind zum Beispiel eine Waschmaschine, ein Sofa, ein Bett und Geschirr.
2. Ein angemessenes Kraftfahrzeug für jeden in der Bedarfsgemeinschaft lebenden erwerbsfähigen Hil-

febedürftigen: Generell gilt ein Auto dann als angemessen, wenn sein Wert 5.000 Euro nicht übersteigt. Ein Zweitwagen oder ein Luxusfahrzeug wie ein wertvoller Oldtimer sowie das Auto eines nicht erwerbsfähigen Hilfebedürftigen werden hingegen nicht als angemessen betrachtet und müssen – jedenfalls wenn der Freibetrag schon ausgereizt ist – verwertet werden.

Luxusfahrzeug

3. Vermögensgegenstände in angemessenem Umfang, die der Inhaber für die Altersvorsorge bestimmt hat: Dies gilt nur, wenn der erwerbsfähige Hilfebedürftige oder sein Partner von der Versicherungspflicht in der gesetzlichen Rentenversicherung befreit ist, was unter anderem für Mitglieder berufsständischer Versorgungseinrichtungen, zum Beispiel für Architekten, gilt. Außerdem muss deutlich zu erkennen sein, dass das Vermögen der Sicherheit im Alter dient. Kann dies nachgewiesen werden, ist das Vermögen unabhängig von der Höhe nicht anzurechnen. Die Befreiung von der gesetzlichen Rentenversicherungspflicht muss aber weiterhin vorliegen
4. Ein selbst genutztes Hausgrundstück von angemessener Größe oder eine angemessene Eigentumswohnung: Als angemessen gilt nach bisherigem Sozialrecht zum Beispiel eine Wohnfläche von bis zu 130 Quadratmetern bei einem Vierpersonenhaushalt, bei Grundstücken geht man von einer Fläche bis zu 500 Quadratmetern in der Stadt und von bis zu 800 Quadratmetern auf dem Land aus. Ansonsten richtet sich die Angemessenheit nach den Lebensumständen, etwa der Größe

Angemessenheit

der Familie. Genaue Angaben zur Frage der Angemessenheit macht das Hartz-IV-Gesetz nicht, die diesbezüglichen Entscheidungen liegen bislang im Ermessen der örtlichen Arbeitsagentur.

5. Vermögen, solange es nachweislich dazu bestimmt ist, ein Hausgrundstück von angemessener Größe bald zu beschaffen oder zu erhalten: Das gilt, wenn auf diesem Grundstück behinderte oder pflegebedürftige Menschen wohnen oder wohnen sollen und dieser Zweck durch den Einsatz oder die Verwertung des Vermögens gefährdet würde.
6. Sachen und Rechte, soweit ihre Verwertung offensichtlich unwirtschaftlich ist oder für den Betroffenen eine besondere Härte bedeuten würde: Offensichtliche Unwirtschaftlichkeit einer Verwertung liegt vor, wenn dabei ein Erlös erzielt würde, der um zehn Prozent unter dem Substanzwert bliebe. Eine besondere Härte kann sich beispielsweise ergeben, wenn ein Vermögensgegenstand zugleich ein Erbstück ist, das für den Besitzer eine große Bedeutung hat, oder wenn Vermögen für eine künftige Grabpflege zurückgelegt wurde. Als weiterer Härtefall wäre denkbar, dass ein erwerbsfähiger Hilfebedürftiger kurz vor dem Rentenalter steht und seine Ersparnisse, die für das Alter gedacht sind, nun für den Lebensunterhalt verwenden muss.

Besondere Härte

Lebensumstände

Für die Angemessenheit von Vermögen sind generell die Lebensumstände während des Bezugs der Leistungen zur Grundsicherung für Arbeitsuchende maßgebend. In einer Verordnung zu den Bestimmungen von Hartz IV hat der Gesetzgeber entschieden, dass auch solche Vermögensgegenstände nicht berücksichtigt werden, die unentbehrlich sind, um eine Berufsausbildung oder Erwerbstätigkeit zu beginnen oder fortzusetzen. Dies beträfe zum Beispiel die teure Fotoausrüstung eines arbeitslosen Profi-Fotografen. Darüber hinaus hat der Gesetzgeber Freibeträge und zusätzliche Bedingungen festgelegt, unter denen Vermögen nicht angerechnet wird.

Unentbehrlich für Ausbildung oder Arbeit

Freibeträge

Für den erwerbsfähigen Hilfebedürftigen und seinen (Ehe-)Partner gilt jeweils ein Grundfreibetrag von 200 Euro pro vollendetem Lebensjahr, und zwar mindestens je 4.100 Euro, aber höchstens je 13.000 Euro. Ein Freibetrag von 4.100 Euro gilt für jedes minderjährige Kind in einer Bedarfsgemeinschaft.

BEISPIEL

Die Freibeträge der Brandners

Erich Brandner ist 44, seine Ehefrau Erika 42 Jahre alt. Die Freibeträge für beide errechnen sich wie folgt:

Erich: 44 Lebensjahre × 200 Euro = 8.800 Euro

Erika: 42 Lebensjahre × 200 Euro = 8.400 Euro

Insgesamt bleibt bei dem Ehepaar ein Vermögen von 17.200 Euro unberücksichtigt. Wer von beiden wie viel auf einem Bankkonto liegen hat, ist unerheblich.

Wer vor dem 1.1.1948 geboren ist, kommt in den Genuss von höheren Grundfreibeträgen. Bei diesen

Personen wird pro Lebensjahr ein Freibetrag von 520 Euro angerechnet, höchstens jedoch insgesamt 33.800 Euro. Dies gilt auch für den (Ehe-)Partner, wenn dieser die Altersgrenze überschritten hat.

BEISPIEL

Brandners Vater

Franz, der Vater von Erich Brandner, ist im Jahr 1944 geboren, seine Ehefrau Charlotte 1946. Die Freibeträge errechnen sich wie folgt:

Franz:	60 Lebensjahre × 520 Euro = 31.200 Euro
Charlotte:	58 Lebensjahre × 520 Euro = 30.160 Euro

Das Ehepaar verfügt somit insgesamt über einen Vermögensfreibetrag von 61.360 Euro.

Die Riester-Rente

Riester-Rente

Ebenfalls nicht angerechnet wird ein im Rahmen der „Riester-Rente" aufgebautes Vermögen, das der Altersversorgung dient. Zum Riester-Vermögen gehören sämtliche eingezahlten Beiträge, die Zulage sowie die Erträge. Allerdings ist nur der Teil des Riester-Vermögens geschützt, der staatlich gefördert wurde.

Freibetrag für Altersvorsorge mit Verfügungsbeschränkung (Lebensversicherung)

Kapitallebensversicherung

Wer zum Beispiel eine Kapitallebensversicherung besitzt, auf die er vor dem Eintritt in den Ruhestand keinen Zugriff hat, kann zusätzlich zum Grundfreibetrag einen Freibetrag von 200 Euro pro Lebensjahr für sich und den Partner geltend machen, höchstens aber jeweils 13.000 Euro.

Siehe Antrag Zusatzblatt 3 Seite 2 „Kapitallebensversicherung“

TIPP

Den Versicherungsvertrag genau prüfen

Für herkömmliche Lebensversicherungen gilt dies in der Regel nicht, denn auf das dort angelegte Vermögen kann jederzeit – zum Beispiel durch Rückkauf – zugegriffen werden. Es muss somit für die Deckung des Lebensunterhalts herangezogen werden. Um in den Genuss des zusätzlichen Freibetrags zu kommen, wäre hier eine vertragliche Regelung notwendig, nach der die Verwertung durch den Versicherungsnehmer bis zur Zeit des Rentenbeginns ausgeschlossen ist. Außerdem darf weder ein Rückkauf noch eine Beleihung oder eine Kündigung möglich sein.

Freibetrag in Höhe von 750 Euro für notwendige Anschaffungen

Dieser Freibetrag wird jedem Mitglied der Bedarfsgemeinschaft unabhängig vom Grundfreibetrag gewährt und dient der Deckung von „einmaligen Bedarfen“, also der Anschaffung von neuen Möbeln, Winterkleidung oder Haushaltsgeräten.

BEISPIEL

Vermögensfreibetrag für Sofie Brandner

Die vierjährige Sofie Brandner hat von ihrer Großmutter Franziska ein Sparbuch mit 6.000 Euro geschenkt bekommen. Von diesem Betrag bleiben zunächst 750 Euro als Freibetrag für notwendige Anschaffungen geschützt.

Als Kritik wegen dieser Regelung aufkam, reagierte der Gesetzgeber mit einer Nachbesserung zu

Freibeträge für Kinder

Hartz IV. Er erhöhte den Vermögensfreibetrag für Kinder, die einer Bedarfsgemeinschaft von Empfängern von Arbeitslosengeld II angehören, auf 4.100 Euro. Bis zu dieser Höhe wird das Vermögen des Kindes nicht auf die Grundsicherung angerechnet. Zusammen mit dem Freibetrag von 750 Euro für besondere Anschaffungen bei Kindern ist damit Sofies Vermögen bis zu insgesamt 4.850 Euro geschützt. Vermögen, das über diesen Freibetrag hinausgeht, wird nur auf Leistungen für das Kind angerechnet, nicht jedoch auf die Leistungen für die Eltern. Das heißt, dass das Vermögen des Kindes nicht für den Lebensunterhalt der Eltern herangezogen werden kann. In unserem Beispiel muss Sofie allerdings erst die Differenz zwischen den Freibeträgen (4.850 Euro) und dem Sparguthaben (6.000 Euro) für ihren Lebensunterhalt aufwenden, bevor sie Leistungen vom Staat erhält.

Hinsichtlich der Verwandten und Verschwägerten gilt beim Vermögen das Gleiche wie beim Einkommen: Leben diese Personen mit dem erwerbsfähigen Hilfebedürftigen in einem Haushalt, sind sie also Haushaltsmitglieder ohne Teil der Bedarfsgemeinschaft zu sein, muss auch deren Vermögen im Rahmen von Freibeträgen und Vorschriften verwertet werden.

Siehe Antrag Zusatzblatt 3 „Vermögen"

TIPPS

Sichern Sie sich den Freibetrag

Wer einen Antrag auf ALG II stellt, sollte zuvor über seine Vermögensverhältnisse nachdenken. Denn möglicherweise lassen sich die Ersparnisse so organisieren, dass der Leistungsanspruch an die Agentur für Arbeit erhalten

bleibt, so eine Empfehlung der Koordinierungsstelle gewerkschaftliche Arbeitslosengruppen. Stehen in einem Haushalt Ausgaben an, zum Beispiel weil ein Auto gekauft, die Wohnung renoviert oder dringend eine neue Waschmaschine angeschafft werden muss, empfiehlt es sich, diese noch vor Abgabe des Antrags aus bestehendem Vermögen zu tätigen. Dadurch sinkt das anzurechnende Vermögen möglicherweise unter die Freibetragsgrenze, sodass der volle Leistungsanspruch erhalten bleibt.

Und: Der Gesetzgeber wirft sein Auge zwar auf vorhandenes Vermögen, Schulden aber sind für ihn nicht relevant. Deshalb ist es oft günstig, vor Antragstellung mit dem angesparten Geld Schulden zu begleichen, um gegebenenfalls den Freibetrag nutzen zu können.

Arbeitslosengeld

Suche nach Beschäftigung

Als arbeitslos gilt nach dem Sozialrecht ein Arbeitnehmer, der vorübergehend nicht in einem Beschäftigungsverhältnis steht beziehungsweise beschäftigungslos ist und eine versicherungspflichtige, mindestens 15 Stunden wöchentlich umfassende Beschäftigung sucht (§ 118 SGB III[4]). Anspruch auf Arbeitslosengeld hat ein Arbeitnehmer, der sich bei der Agentur für Arbeit arbeitslos gemeldet hat und die Anwartschaftszeit erfüllt (§ 117 SGB III). Das heißt, er muss insgesamt mindestens zwölf Monate versicherungspflichtig beschäftigt gewesen sein.

Jenseits der juristischen Definition ist Arbeitslosigkeit ein schwerwiegendes Problem der modernen Industriegesellschaft. Es tritt in Zyklen auf, hat sich allerdings mittlerweile dauerhaft verfestigt und be-

4 SGB III = das dritte Buch des Sozialgesetzbuches – Arbeitsförderung.

Zeit der Vollbeschäftigung

droht die Existenz von Millionen Familien. Die verheerende Arbeitslosigkeit durch die Weltwirtschaftskrise 1929, in deren Folge die Zahl der Arbeitslosen in Deutschland auf über sechs Millionen stieg (Januar 1932), war mit ausschlaggebend dafür, dass die sozialen Sicherungssysteme nach 1945 ausgebaut wurden. Während der 1960er Jahre zur Zeit des Wirtschaftswunders schien angesichts der Vollbeschäftigung das Problem der Arbeitslosigkeit in Deutschland in den Hintergrund zu treten. Im Jahr 1969 lag die Zahl der Arbeitslosen bei durchschnittlich 178.579, was einer aus heutiger Sicht geradezu märchenhaft niedrigen Arbeitslosenquote von 0,9 Prozent entsprach. Doch nach der Energiekrise Mitte der 1970er Jahre stieg die Zahl der Arbeitslosen wieder deutlich an, im Oktober 2004 hat sie einen Stand von 4,206 Millionen erreicht. Dies entspricht einer Arbeitslosenquote von bundesweit 10,1 Prozent (Westen: 8,2 Prozent; Osten: 17,5 Prozent).

Versicherungsleistung

Das Arbeitslosengeld ist eine Versicherungsleistung gegen den Fall der Erwerbslosigkeit, die unabhängig von der Bedürftigkeit gezahlt wird. Sie beträgt 60 Prozent des Nettolohns (67 Prozent bei Arbeitslosen mit Kindern).

Wie auch bei den anderen sozialen Sicherungssystemen ▶*Arbeitslosenhilfe* und ▶*Sozialhilfe* wurden und werden als Antwort auf steigende Arbeitslosenzahlen die Leistungen beim Arbeitslosengeld zunehmend zurückgenommen und die Anforderungen verschärft. Aktuell wird durch die von der Bundesregierung 2003 beschlossene Neuregelung die Bezugsdauer von Arbeitslosengeld ab 2006 gekürzt. Wurde bisher bis zu 32 Monate lang Arbeitslosengeld gezahlt, sind es ab 2006 nur noch 18 Monate. Für unter 55-Jährige wird es das Arbeitslosengeld künftig nur noch für ein Jahr geben, danach fallen diese Arbeitslosen in das ▶*Arbeitslosengeld II*. Die bisherige Regelung gilt noch für Arbeitslose, die bis zum 31.1.2006 arbeitslos werden und sich auch arbeitslos melden. Die verkürzte Anspruchsdauer gilt ab dem 1.2.2006.

Anspruchsdauer

BEZUGSDAUER VON ARBEITSLOSENGELD					
Nach bisherigem Recht			Nach neuem Recht (ab 1.2.2006)		
Vorversicherungszeit (Monate)	Ab Alter	Bezugsdauer (Monate)	Vorversicherungszeit (Monate)	Ab Alter	Bezugsdauer (Monate)
12		6	12		6
16		8	18		9
20		10	24		12
24		12	30	55	15
28	45	14	36	55	18
32	45	16			
36	45	18			
40	47	20			
44	47	22			
48	52	24			
52	52	26			
56	57	28			
60	57	30			
64	57	32			

Quelle: Arbeitnehmerkammer Bremen

Arbeitslosengeld II

„Erwerbsfähige Hilfebedürftige erhalten als Arbeitslosengeld II

1. *Leistungen zur Sicherung des Lebensunterhalts einschließlich der angemessenen Kosten für Unterkunft und Heizung,*
2. *unter den Voraussetzungen des § 24 einen befristeten Zuschlag.*

Das zu berücksichtigende Einkommen und Vermögen mindert die Geldleistungen der Agentur für Arbeit; soweit Einkommen und Vermögen darüber hinaus zu berücksichtigen ist, mindert es die Geldleistungen der kommunalen Träger.“ (§ 19 SGB II)

Das Arbeitslosengeld II dient zur Sicherung des Lebensunterhalts für erwerbsfähige Hilfebedürftige und löst damit die Bezüge aus der ▶*Arbeitslosenhilfe* und aus der ▶*Sozialhilfe* ab. In der Gruppe der Arbeitslosengeld-II-Empfänger treffen sich ab dem 1.1.2005 sowohl die bisherigen Bezieher von Arbeitslosenhilfe als auch die erwerbsfähigen Bezieher von Sozialhilfe.

Pauschalierte Regelsätze

Für Arbeitslose mit Arbeitslosenhilfe bedeutet dies unter anderem, dass ihre bisher an der ehemaligen Lohnhöhe bemessenen Bezüge durch pauschalierte Regelsätze abgelöst werden, die sich auf dem Niveau der bisherigen Sozialhilfe bewegen. Hinzu kommen eine verschärfte Regelung für die Zumutbarkeit von Arbeit und härtere Sanktionen in Fällen von Arbeitsverweigerung.

Für Erwerbslose, die bisher Sozialhilfe erhielten, bedeutet ALG II, dass für sie nun Beiträge zur Kranken- und Rentenversicherung gezahlt werden und dass sie Leistungen zur Eingliederung in Arbeit erhalten, zum Beispiel Fortbildung oder Beratung. Nicht erwerbsfähige Angehörige des ALG-II-Empfängers oder allgemeiner formuliert die nicht erwerbsfähigen Mitglieder der Bedarfsgemeinschaft erhalten das ▶*Sozialgeld*.

Fortbildung oder Beratung

Die Leistungen des Arbeitslosengeldes II umfassen:

- ▶*Regelleistungen*, zum Beispiel für einen Alleinstehenden in den alten Bundesländern 345 Euro monatlich
- Die Kosten für ▶*Unterkunft und Heizung* im angemessenen Rahmen und den ortsüblichen Mieten entsprechend
- Leistungen für Mehrbedarfe, zum Beispiel für Alleinerziehende
- Einmalige Leistungen, zum Beispiel Erstausstattung eines Haushalts

Diese Leistungen sind Bestandteile der ▶*Grundsicherung für Arbeitsuchende*.

Arbeitslosenhilfe

SGB II

Mit dem In-Kraft-Treten des SGB II, der Grundsicherung für Arbeitsuchende zum 1.1.2005, wird die Arbeitslosenhilfe abgeschafft. Sie diente bisher als soziales Netz für Langzeitarbeitslose, das den großen

Leistungsunterschied zwischen ▶*Arbeitslosengeld* und ▶*Sozialhilfe* abfedern sollte. Ähnlich wie beim Arbeitslosengeld orientierten sich die Leistungen am früheren Lohn, bezahlt wurden 53 Prozent des Nettoeinkommens (57 Prozent mit Kindern). Für die Arbeitslosenhilfe gab es keine zeitliche Befristung. Hinzu kamen gegebenenfalls das ▶*Wohngeld* und ▶*Kindergeld.* Auf die gezahlten Leistungen wurden im Rahmen von Freibeträgen das Einkommen und das Vermögen des Arbeitslosen wie auch des (Ehe-) Partners angerechnet. Die Zwischenstellung der Arbeitslosenhilfe drückte sich auch darin aus, dass diese Anrechnung von Einkommen und Vermögen (die Bedürftigkeitsprüfung) und die ▶*Zumutbarkeit* von Arbeit weniger streng gehandhabt wurden als bei der Sozialhilfe. Die Zahl der Bezieher sowohl von Arbeitslosengeld als auch von Arbeitslosenhilfe ist in den vergangenen Jahren in Deutschland sehr deutlich angestiegen.

JAHR	BEZIEHER VON ARBEITS-LOSENHILFE	BEZIEHER VON ARBEITS-LOSENGELD
1990	962.058	433.122
1995	1.780.231	981.733
2002	1.898.585	1.682.215

Quelle: Statistisches Bundesamt

Zahl der Arbeitslosenhilfeempfänger

Von 1990 bis 2002 nahm die Zahl der Arbeitslosenhilfeempfänger um mehr als 1,2 Millionen zu, eine Steigerung um das Vierfache. Diese Arbeitslosenhilfebezieher müssen zum 1.1.2005 durch einen Antrag ihre Bedürftigkeit nachweisen, um das neue ▶*Arbeitslosengeld II* zu erhalten. Für diese Bedürftigkeitsprüfung gelten im Vergleich zum Vorgehen bei der bisherigen Arbeitslosenhilfe verschärfte Kriterien. Insgesamt wird daher damit gerechnet, dass ein großer Teil der bisherigen Arbeitslosenhilfeempfänger keinen Anspruch auf ALG II hat – wegen fehlender Bedürftigkeit. Dies trifft vor allem Ehepaare, wenn einer der Partner arbeitslos, der andere aber erwerbstätig ist. Zugleich werden für viele Langzeitarbeitslose, die an ihrem letzten Arbeitsplatz Löhne im mittleren und höheren Bereich verdient hatten, die Leistungen nach ALG II niedriger ausfallen.

Fehlende Bedürftigkeit

Ausländer

Anspruch auf Leistungen nach der Grundsicherung für Arbeitsuchende haben erwerbsfähige Hilfebedürftige im Alter von 15 bis 65 Jahren, die ihren gewöhnlichen Aufenthalt in der Bundesrepublik Deutschland haben, und die Personen, die mit ihnen in einer Bedarfsgemeinschaft leben. Danach stehen auch ausländischen Mitbürgern, die sich gewöhnlich in Deutschland aufhalten, Leistungen nach dem SGB II zu, soweit ihnen aufgrund arbeitsgenehmigungsrechtlicher Vorschriften nicht der Zugang zum Arbeitsmarkt verwehrt ist. Für andere ausländische Personengruppen aber bedeutet Hartz IV eine massive Verschlechterung. Betroffen sind Asylbewerber, geduldete Personen sowie Bürgerkriegsflüchtlinge und ihre Angehörigen.

Leistungen

Einjährige Wartefrist

Bisher galt folgende Regelung: Zwar ist es Asylbewerbern im ersten Jahr nach ihrer Ankunft in Deutschland absolut verboten zu arbeiten. Doch nach einer einjährigen Wartefrist können sie bei der Agentur für Arbeit eine eingeschränkte Arbeitserlaubnis beantragen. Wer daraufhin mindestens ein Jahr lang sozialversichert beschäftigt war und dann arbeitslos wurde, konnte nach dem Arbeitslosengeld bisher auch Arbeitslosenhilfe beziehen.

Asylbewerberleistungsgesetz

Nach § 7 SGB II wird diese Personengruppe nun von den Leistungen der Grundsicherung für Arbeitsuchende ausgeschlossen: „ ... gilt nicht für Leistungsberechtigte nach § 1 des Asylbewerberleistungsgesetzes.“ Diese Menschen erhalten die um 30 Prozent niedrigeren Leistungen nach dem Asylbewerberleistungsgesetz.

Bedarfsgemeinschaft

> *„Zur Bedarfsgemeinschaft gehören ...*
> *die erwerbsfähigen Hilfebedürftigen ...“*
> *(§ 7 SGB II)*

Gegebenenfalls zählen noch viele andere Personen dazu, nämlich

- die im Haushalt lebenden Eltern oder der im Haushalt lebende Elternteil eines minderjährigen, unverheirateten erwerbsfähigen Kindes;
- als Partner der erwerbsfähigen Hilfebedürftigen
  a) der nicht dauernd getrennt lebende Ehegatte,

b) diejenige Person, die mit dem erwerbsfähigen Hilfebedürftigen in eheähnlicher Gemeinschaft lebt,
c) der nicht dauernd getrennt lebende Lebenspartner;

- die dem Haushalt angehörenden minderjährigen, unverheirateten Kinder des erwerbsfähigen Hilfebedürftigen oder seines Partners, soweit sie nicht aus eigenem Einkommen oder Vermögen die Leistungen zur Sicherung ihres Lebensunterhalts beschaffen können.

Ausgangspunkt

Ausgangspunkt bei der Bestimmung einer Bedarfsgemeinschaft ist immer mindestens eine hilfebedürftige Person. Zu einer Bedarfsgemeinschaft gehören dann zum Beispiel

- der Arbeitslose als Alleinstehender;
- der Arbeitslose und seine Ehefrau oder Lebenspartnerin;
- der Arbeitslose, seine Ehefrau und zwei minderjährige Kinder. Keine gemeinsame Bedarfsgemeinschaft läge vor, wenn die Kinder zwar noch im gemeinsamen Haushalt leben, aber älter als 18 Jahre und erwerbsfähig sind. Dann würden das Ehepaar und die Kinder jeweils eine eigene Bedarfsgemeinschaft bilden;
- der Arbeitslose, seine Lebenspartnerin und deren minderjährige Kinder;
- der 16-jährige erwerbsfähige Sohn, dessen nicht erwerbsfähige Mutter und deren nicht erwerbsfähiger Lebenspartner.

Die Zusammensetzung einer Bedarfsgemeinschaft kann mitunter einige Denkarbeit erfordern. Die Bundesagentur für Arbeit regt diese in ihren Schulungsunterlagen („Schulungskonzept der Bundesagentur für Arbeit") durch Beispielrechnungen an.

BEISPIEL

Familie Deutsch

In einem Haushalt leben Martin Deutsch, 45 Jahre, erwerbsfähig; Ehefrau Maria, 38 Jahre, erwerbsfähig; Sohn Fritz, 14 Jahre, Schüler; und Isolde Wagner, Mutter von Maria, 65 Jahre, Rentnerin.

„MUK"

Zur Bedarfsgemeinschaft gehören Martin, Maria und das im Amtsdeutsch „MUK" genannte Kind – das „minderjährige unverheiratete Kind" – also Fritz. Nicht zur Bedarfsgemeinschaft gehört Mutter Isolde Wagner. Sie ist auch selbst nicht berechtigt, da sie das 65. Lebensjahr bereits vollendet hat (Isolde gehört allerdings zur Hausgemeinschaft und wird so bei den Miet- und Heizkosten berücksichtigt).

BEISPIEL

Familie Krause

In einem Haushalt leben Otto Krause, 54 Jahre, Frührentner; Tochter Vanessa, 19 Jahre, Azubi; und Sohn Ludwig, 17 Jahre, auf der Suche nach einer Lehrstelle.

Zu einer Bedarfsgemeinschaft gehören Sohn Ludwig als erwerbsfähiger Hilfebedürftiger und Vater Otto als Elternteil. Tochter Vanessa gehört als volljähriges Kind nicht dazu, sie hat einen eigenen Anspruch auf ALG II.

Von der Größe einer Bedarfsgemeinschaft hängt die Summe der ▶*Regelleistungen* zur Sicherung des Lebensunterhalts ab. Denn neben dem Arbeitslosengeld II für den erwerbslosen Hilfebedürftigen wird für die mit ihm in der Bedarfsgemeinschaft lebenden nicht erwerbsfähigen Personen ein ▶*Sozialgeld* gezahlt. Auf die Regelleistungen angerechnet wird allerdings zum Beispiel das Einkommen des Ehepartners und das Kindergeld.

Sozialgeld

Beispiel 1: Bedarfsgemeinschaft im Fall von Familie Görlitz

Die in den alten Bundesländern wohnende Bedarfsgemeinschaft besteht aus dem erwerbsfähigen Arbeitslosen Friedrich, seiner nicht erwerbsfähigen Ehefrau Anna und aus der vierjährigen Tochter Karla. Die Summe der Regelleistungen beträgt 829 Euro, hinzu kommen ein Bedarf von 418 Euro für die Kaltmiete und 68 Euro Heizkosten. Damit ergibt sich ein Gesamtbedarf von 1.315 Euro.

Gesamtbedarf

BEDARF	
ALG II Ehemann	311 Euro
Sozialgeld Ehefrau	311 Euro
Sozialgeld Kind	207 Euro
Kaltmiete	418 Euro
Heizung	68 Euro
Gesamtbedarf	*1.315 Euro*
Einkommen	
Kindergeld	154 Euro

Geldleistung nach SGB II	
Bedarf	1.315 Euro
Anzurechnendes Einkommen	– 154 Euro
Geldleistung nach SGB II	*1.161 Euro*

Beispiel 2: Bedarfsgemeinschaft im Fall von Familie Brandner

Diese Bedarfsgemeinschaft besteht aus dem erwerbsfähigen Arbeitslosen Erich Brandner, seiner erwerbstätigen Ehefrau Erika und der vierjährigen Tochter Sofie. Die Personenkonstellation ist wie im ersten Beispiel, nur dass Erika als Verkäuferin im Supermarkt arbeitet. Somit hat sie keinen Anspruch auf das Sozialgeld, vielmehr wird ihr anzurechnendes Nettoeinkommen (das heißt nach Abzug von Steuern, Sozialversicherungsbeiträgen, Freibeträgen etc. ▶*anzurechnendes Einkommen*) von rund 1.200 Euro mit den Leistungen nach SGB II aufgerechnet. Dabei wird zunächst der Gesamtbedarf der Familie bestimmt und von diesem dann das Gesamteinkommen abgezogen. Ist dieses Einkommen größer oder gleich groß wie der Bedarf, so gibt es keine Leistungen vom Staat, wie unser Beispiel zeigt:

Nach Abzug von Steuern

BEDARF	
ALG II Ehemann	311 Euro
Sozialgeld Ehefrau	311 Euro
Sozialgeld Kind	207 Euro

Kaltmiete	418 Euro
Heizung	68 Euro
Gesamtbedarf	*1.315 Euro*
Einkommen	
Kindergeld	154 Euro
Anzurechnendes Einkommen der Ehefrau	1.200 Euro
Gesamteinkommen	1.354 Euro
Geldleistung nach SGB II	
Bedarf	1.315 Euro
Aufzurechnendes Einkommen	1.354 Euro
Geldleistung nach SGB II	–

Diese beiden Beispiele zeigen deutlich, welch starken Einfluss die Zusammensetzung einer Bedarfsgemeinschaft auf die Geldleistungen nach SGB II hat.

TIPP

Wenn keine eheähnliche Gemeinschaft vorliegt

Man kann auch unter einem Dach zusammenwohnen, ohne im rechtlichen Sinn eine eheähnliche Gemeinschaft zu bilden. Denn eine solche Gemeinschaft geht in der Regel über eine bloße Wirtschaftsbeziehung hinaus, ist auf Dauer angelegt und beinhaltet gegenseitige Fürsorge. Anzeichen dafür sind zum Beispiel ein gemeinsames Kind, ein gemeinsames Konto und gegenseitige finanzielle Unterstützung. Aber: Wohnen Hans Huber und Ute Ufer zwar in der gleichen Wohnung und verstehen sich prima, muss es sich noch nicht um eine sehr enge Bindung handeln. Ute schließt mit Hans einen Untermietvertrag ab, und ihr Geld verwalten sie auf getrennten Konten. So werden die beiden nicht in einer Bedarfsgemeinschaft zusammengefasst, können gegebenenfalls jeweils für sich selbst ALG II beantragen, und der Verdienst des einen Mitbewohners wird nicht mit den Leistungen des anderen aufgerechnet.

Siehe Antrag Seite 1 „Persönliche Verhältnisse"

Damit ist klar: Zweckgemeinschaften wie Wohngemeinschaften von Studenten fallen nicht unter die Bedarfsgemeinschaft. Stellt einer der Bewohner einer Wohngemeinschaft einen Antrag auf Arbeitslosengeld II, wird wegen der aufgeteilten Heizkosten lediglich der Mietkostenanteil der anderen Bewohner anteilig erfasst.

Mietkostenanteil

Befristeter Zuschlag

> *„Soweit der erwerbsfähige Hilfebedürftige Arbeitslosengeld II innerhalb von zwei Jahren nach dem Ende des Bezugs von Arbeitslosengeld bezieht, erhält er in diesem Zeitraum einen monatlichen Zuschlag. Nach Ablauf des ersten Jahres wird der Zuschlag um 50 vom Hundert vermindert."*
> *(§ 24 SGB II)*

Um den Fall aus der Arbeitslosenhilfe auf das Niveau der Sozialhilfe im ALG II etwas abzufedern, hat der Gesetzgeber einen monatlichen Zuschlag zur Regelleistung vorgesehen. Dieser Zuschlag orientiert sich an der Höhe des zuletzt bezogenen Arbeitslosengeldes und wird für die Dauer von zwei Jahren gewährt.

Zuschlag zur Regelleistung

Im zweiten Jahr halbiert sich dieser Zuschlag. Wie lange der Zuschlag tatsächlich gezahlt wird, hängt davon ab, wann der Bezug von Arbeitslosengeld zu Ende war und die Zahlung von Arbeitslosenhilfe begonnen hat.

BEISPIEL

Benno Reinertz

Herr Reinertz bezog bis zum 31.5.2003 Arbeitslosengeld, daran schloss sich die Arbeitslosenhilfe an.
Im Dezember 2004 beantragt Herr Reinertz dann aufgrund von Hartz IV gezwungenermaßen das Arbeitslosengeld II.

Die Zweijahresfrist für den befristeten Zuschlag begann in diesem Beispiel am 1.6.2003 und endet am 31.5.2005. Herr Reinertz bekommt somit vom 1.1.2005 bis zum 31.5.2005, fünf Monate lang, diesen befristeten Zuschlag gezahlt.

Würde Herr Reinertz allerdings Ende Dezember 2004 direkt vom Arbeitslosengeld in das Arbeitslosengeld II wechseln, stünde ihm der befristete Zuschlag über die vollen zwei Jahre zu. Gar keinen Zuschlag bekäme Herr Reinertz, wenn der Wechsel vom Arbeitslosengeld zur Arbeitslosenhilfe am 1.1.2005 schon länger als zwei Jahre zurückläge. Dann wäre die Frist bereits abgelaufen.

Höhe des Zuschlags

Um die Höhe des Zuschlags zu bestimmen, wird zunächst der Unterschied zwischen dem zuletzt erhaltenen Arbeitslosengeld (plus eventuell erhaltenem Wohngeld) und dem Bedarf nach ALG II ausgerechnet. Zwei Drittel dieser Differenz werden als Zuschlag festgelegt. Allerdings gibt es hier Grenzen: Im ersten Jahr werden pro Monat maximal 160 Euro an Alleinstehende und 320 Euro an (Ehe-)Paare gezahlt. Hinzu kommen höchstens 60 Euro pro minderjährigem Kind.

BEISPIEL

Otto Breuer

Herr Breuer ist allein stehend und lebt in den neuen Bundesländern. Sein früheres Einkommen betrug 1.500 Euro brutto, bisher bezog er an Arbeitslosengeld und Wohngeld insgesamt 665,87 Euro monatlich. Nach ALG II bekommt er künftig 579 Euro. Somit hat Herr Breuer 86,87 Euro pro Monat weniger in der Tasche.

Bisherige Leistung	Leistung nach ALG II
Arbeitslosengeld 624,87 Euro	Regelleistung Ost 331,00 Euro
Wohngeld 41,00 Euro	Unterkunft/Heizung 248,00 Euro
Summe 665,87 Euro	Summe 579,00 Euro

Von diesen 86,87 Euro erhält Herr Breuer im ersten Jahr zwei Drittel als monatlichen befristeten Zuschlag, das sind 58 Euro. Im zweiten Jahr halbiert sich dieser befristete Zuschlag, er beträgt dann rund ein Drittel des gesamten Unterschieds, also 29 Euro pro Monat.

Siehe Antrag Seite 6 „Weitere Angaben"

TIPP

Sichern Sie sich den Zuschlag

Die Arbeiterkammer Bremen macht darauf aufmerksam, dass der Zuschlag zum ALG II umso höher ausfällt, je weiter Arbeitslosengeld und Wohngeld im Vergleich zum ALG II auseinander liegen. Wichtig kann also sein, dass ein Bezieher von Arbeitslosengeld das Wohngeld beantragt, um die an ihn gezahlte Leistung zu erhöhen. Vor allem aber sollte er daran denken, das Arbeitslosengeld in den letzten Wochen des Bezugs nicht durch Nebeneinkommen zu senken. Andererseits kann durch die Annahme einer gering entlohnten Tätigkeit während des ersten Monats mit ALG II diese Leistung gesenkt werden, wodurch der Zuschlag eventuell erst erwirkt werden kann. Informieren Sie sich auch unter www.arbeitnehmerkammer.de/sozialpolitik.

Ein-Euro-Jobs (Arbeitsgelegenheiten)

> *„Für erwerbsfähige Hilfebedürftige, die keine Arbeit finden können, sollen Arbeitsgelegenheiten geschaffen werden. Werden Gelegenheiten für im öffentlichen Interesse liegende, zusätzliche Arbeiten nicht nach Absatz 1 als Arbeitsbeschaffungsmaßnahmen gefördert, ist den erwerbsfähigen Hilfebedürftigen zuzüglich zum Arbeitslosengeld II eine angemessene Entschädigung für Mehraufwendungen zu zahlen; diese Arbeiten begründen kein Arbeitsverhältnis im Sinne des Arbeitsrechts ...“*
> *(§ 16 SGB II)*

Pflichtarbeit

Wenn ein Arbeitsloser voraussichtlich in absehbarer Zeit keine Arbeit auf dem allgemeinen Arbeitsmarkt findet, kann ihn die Agentur für Arbeit in eine befristete Arbeitsgelegenheit vermitteln. Diese Arbeitsgelegenheiten, auch „Ein-Euro-Jobs“ genannt, stellen keine arbeitsrechtlichen Verhältnisse, also keine „Normalarbeitsplätze“, dar. Es handelt sich insofern um eine Pflichtarbeit, als die Ablehnung einer derartigen Tätigkeit mit massiven ▶*Leistungskürzungen/Sanktionen*, das heißt mit der Kürzung des ALG II, verbunden ist.

Diese – teilweise auch als „Gemeinwohlarbeiten“ bezeichneten – Tätigkeiten sind abgeleitet aus den Arbeitsgelegenheiten, wie sie in § 19 Bundesso-

Berufs-alltag

zialhilfegesetz beschrieben werden.[5] Diese Zusatzjobs bieten dem Langzeitarbeitslosen die Chance, sich wieder an einen Berufsalltag zu gewöhnen und so eine Brücke zum Arbeitsmarkt zu schlagen. Diese Arbeitsverhältnisse sollen auf sechs bis zwölf Monate befristet sein.

Wer einer solchen Tätigkeit nachgeht, erhält weiterhin die Hilfeleistung – also Arbeitslosengeld II – und zusätzlich eine so genannte Mehraufwandsentschädigung in Höhe von ein bis zwei Euro je gearbeiteter Stunde. Die verrichteten Arbeiten müssen gemein-

5 § 19 Bundessozialhilfegesetz – Schaffung von Arbeitsgelegenheiten
(1) Für Hilfesuchende, insbesondere für junge Menschen, die keine Arbeit finden können, sollen Arbeitsgelegenheiten geschaffen werden. Zur Schaffung und Erhaltung von Arbeitsgelegenheiten können auch Kosten übernommen werden. Die Arbeitsgelegenheiten sollen in der Regel von vorübergehender Dauer und für eine bessere Eingliederung des Hilfesuchenden in das Arbeitsleben geeignet sein.
(2) Wird für den Hilfesuchenden Gelegenheit zu gemeinnütziger und zusätzlicher Arbeit geschaffen, kann ihm entweder das übliche Arbeitsentgelt oder Hilfe zum Lebensunterhalt zuzüglich einer angemessenen Entschädigung für Mehraufwendungen gewährt werden; zusätzlich ist nur die Arbeit, die sonst nicht, nicht in diesem Umfang oder nicht zu diesem Zeitpunkt verrichtet werden würde. Von dem Erfordernis der Zusätzlichkeit kann im Einzelfall abgesehen werden, wenn dadurch die Eingliederung in das Arbeitsleben besser gefördert wird oder dies nach den besonderen Verhältnissen des Leistungsberechtigten und seiner Familie geboten ist.
(3) Wird im Falle des Absatzes 2 Hilfe zum Lebensunterhalt gewährt, so wird kein Arbeitsverhältnis im Sinne des Arbeitsrechts und kein Beschäftigungsverhältnis im Sinne der gesetzlichen Kranken- und Rentenversicherung begründet. Die Vorschriften über den Arbeitsschutz finden jedoch Anwendung.
(4) Bei der Schaffung und Erhaltung von Arbeitsgelegenheiten sollen die Träger der Sozialhilfe, die Dienststellen der Bundesagentur für Arbeit und gegebenenfalls andere auf diesem Gebiet tätige Stellen zusammenwirken. In geeigneten Fällen ist für den Hilfesuchenden unter Mitwirkung aller Beteiligten ein Gesamtplan zu erstellen.

nützig und zusätzlich sein. Soziale Betreuungsarbeiten in der Altenpflege und im Kindergarten zum Beispiel sind gemeinnützig, da sie der Gesellschaft zugute kommen; und sie sind zusätzlich, wenn sie sich nicht mit den Aufgaben der normalen Altenpflegekräfte und Erzieherinnen decken, sondern darüber hinausgehen. Diese zwei Bedingungen sollen sicherstellen, dass mit den Arbeitsgelegenheiten keine regulären Arbeitsplätze verdrängt werden.

Zwei Bedingungen

Wer bietet Arbeitsgelegenheiten an?

Die Arbeitsgelegenheiten sollen vor allem im sozialen Sektor entstehen. Wirtschafts- und Arbeitsminister Clement sprach in diesem Zusammenhang von 600.000 zu schaffenden Stellen. Träger dieser Ein-Euro-Jobs werden zu einem großen Teil Kommunen und Wohlfahrtsverbände sein – also zum Beispiel die Arbeiterwohlfahrt, die Diakonie, die Caritas und das Deutsche Rote Kreuz.

Organisatorisch funktioniert das so: Ein Träger der Wohlfahrtspflege oder ein kommunaler Träger beantragt bei der Stelle, die für die Eingliederung von ALG-II-Beziehern zuständig ist – in der Regel handelt es sich um die Arbeitsgemeinschaft aus Kommune und Arbeitsagentur, es kann aber auch nur eine Arbeitsagentur sein – die Förderung einer Maßnahme. Die zuständige Stelle prüft, ob die damit verbundenen Arbeiten gemeinnützig und zusätzlich sind, bewilligt die Förderung und weist dem Träger diejenigen ALG-II-Bezieher zu, für die eine solche

Antrag auf Förderung

Tätigkeit nach der individuellen Eingliederungsvereinbarung sinnvoll ist. Mit der Förderung deckt der Träger die Mehraufwandsentschädigung ab, die an den ALG-II-Bezieher gezahlt wird. Er kann sie aber auch für eigene Kosten verwenden, die zum Beispiel für die Qualifizierung des Hilfebedürftigen oder für Anleitungs- und Betreuungspersonal anfallen.

Auch für eigene Kosten

Welche Arbeitsgelegenheiten werden angeboten?

Vorstellbare Aufgaben

Die Zusatzjobs sollen den hohen Bedarf an sozialen und am Gemeinwohl orientierten Tätigkeiten in der Gesellschaft stillen. Vorstellbare Aufgaben sind etwa Botengänge für Behinderte, Begleitdienste für Kranke, die zum Arzt oder Therapeuten müssen, Betreuung von Senioren, hauswirtschaftliche Unterstützung von Pflegebedürftigen, Unterstützung von Kinder- und Jugendfreizeiten, ergänzende Pflege von Park- und Landschaftsanlagen, Einsätze als Schülerlotsen, Hilfsdienste für Hausmeister in Schulen, Mithilfe in Bibliotheken und Archiven oder Überwachung von Stadtteilen in den Abendstunden. Auch der gesamte Bereich, der bisher von Zivildienstleistenden abgedeckt wurde, könnte laut Familienministerin Renate Schmidt ein Arbeitsfeld für die Zusatzjobs sein.

Wie sieht es mit der Bezahlung aus?

Bei einer Arbeitsgelegenheit erhält der ALG-II-Empfänger pro Arbeitsstunde einen oder zwei Euro als Mehraufwandsentschädigung, dies darf er zusätzlich zu den Regelleistungen und gegebenenfalls zusätzlich zum ▶*befristeten Zuschlag* einnehmen.

BEISPIEL

Maximaler Leistungsbezug nach ALG II

Entlohnung Arbeitsgelegenheit 160 Stunden × 2 Euro	320,00 Euro
Regelsatz Alleinstehender (alte Länder)	345,00 Euro
Befristeter Zuschlag (maximal)	160,00 Euro
Summe	825,00 Euro

In diesem Fall erhält der ALG-II-Bezieher zusätzlich zum Regelsatz und befristeten Zuschlag eine Mehraufwandsentschädigung in Höhe von 320 Euro. Nicht berücksichtigt wurden Kosten für Unterkunft und Heizung.

Ist ein Erwerbsloser tagsüber acht Stunden lang in einer Arbeitsgelegenheit beschäftigt, erhält er dafür pro Monat (20 Arbeitstage) maximal 320 Euro. Zusammen mit dem Regelsatz für Alleinstehende in den alten Bundesländern von 345 Euro und gegebenenfalls einem befristeten Zuschlag von maximal 160 Euro ergibt sich ein Betrag von 825 Euro pro Monat. In der Realität wird diese Summe jedoch oft niedriger ausfallen, wenn ein geringerer oder kein befristeter Zuschlag gezahlt wird, weniger Arbeitsstunden vereinbart sind, zum Beispiel maximal 30 Stunden pro Woche, damit noch Zeit für die Arbeitsuche bleibt, oder die Entlohung nur einen Euro pro Stunde beträgt.

825 Euro pro Monat

ANMERKUNG: Wenn ein Hilfebedürftiger nach dem SGB II eine ihm angebotene Arbeitsgelegenheit ohne triftigen Grund ablehnt, obwohl er über die

Rechtsfolgen informiert wurde, kann dies zu einer massiven Kürzung oder gar zum Wegfall seiner Bezüge führen. Auch bisher waren Sozialhilfebezieher verpflichtet, gemeinnützige Arbeit durchzuführen, wollten sie nicht mit Leistungskürzungen bestraft werden. Allerdings musste diese Arbeit zumutbar sein. Dies bedeutete, dass sie auch in einem angemessenen Verhältnis zur fortgewährten Hilfe zum Lebensunterhalt stehen musste und nicht zu einer „vollschichtigen“ Arbeit werden durfte. Als unzumutbar wurde zum Beispiel eine Arbeitszeit von 32 Stunden angesehen. Und für Bezieher von Arbeitslosenhilfe, die eine derartige Arbeit nach § 199 SGB III ablehnten, waren im Arbeitsförderungsrecht keine Leistungskürzungen vorgesehen.

Eingliederungsvereinbarung

> *„Die Agentur für Arbeit soll mit jedem erwerbsfähigen Hilfebedürftigen die für seine Eingliederung erforderlichen Leistungen vereinbaren (Eingliederungsvereinbarung).“*
> *(§ 15 SGB II)*

Vertrag für sechs Monate

Zwischen dem Arbeitslosen und dem ▶*Fallmanager* wird eine Eingliederungsvereinbarung, eine Art Vertrag, geschlossen. Diese soll zunächst für sechs Monate gelten und dann gegebenenfalls erneuert und verändert werden. Inhalte dieser Vereinbarung sind

- zum einen, welche Leistungen der Erwerbsfähige zur Eingliederung in Arbeit erhält, und

- zum anderen, welche Bemühungen zur Eingliederung in Arbeit der erwerbsfähige Hilfebedürftige in welcher Häufigkeit mindestens unternehmen muss und in welcher Form er dies nachzuweisen hat.

Eingliederung in Arbeit

Der Vertragsinhalt umfasst nicht die Leistungen zum Lebensunterhalt (▶*Regelleistungen*), sondern ist auf die Bemühungen zur Eingliederung in Arbeit beschränkt. Darunter fällt zum Beispiel die Teilnahme an Trainingsmaßnahmen, beruflicher Weiterbildung, allgemeiner Beratung, Schuldner- oder Suchtberatung oder einer Arbeitsbeschaffungsmaßnahme. Darüber hinaus kann auch eine Führerscheinprüfung gefördert, Bewerbungskosten erstattet oder das so genannte ▶*Einstiegsgeld* gewährt werden. Ob derartige Eingliederungsleistungen erforderlich sind, beurteilt und entscheidet der Fallmanager, ein Anspruch darauf besteht nicht. Ebenso ist es möglich, dass die Annahme von Arbeitsgelegenheiten, den ▶*Ein-Euro-Jobs*, Bestandteil eines solchen Vertrags wird. Zudem darf vereinbart werden, welche Leistungen die Personen erhalten, die mit dem erwerbsfähigen Hilfebedürftigen in einer ▶*Bedarfsgemeinschaft* leben, etwa wenn für das Kind der Lebenspartnerin ein Kindergartenplatz organisiert wird.

Prinzip des „Forderns“

Ganz deutlich zeigt sich hier das Prinzip des „Forderns“, das für Bezieher von Arbeitslosengeld II gilt: „Wird in der Eingliederungsvereinbarung eine Bildungsmaßnahme vereinbart, ist auch zu regeln, in welchem Umfang und unter welchen Voraussetzungen der erwerbsfähige Hilfebedürftige schadenersatzpflichtig ist, wenn er die Maßnahme aus einem von ihm zu vertretenden Grund nicht zu Ende führt" (§ 15 Absatz 3 SGB II). Im Klartext: Bricht der Arbeitslose eine angeordnete Weiterbildungsmaßnahme ab, kann er wegen der oft erheblichen Kosten verantwortlich gemacht werden.

Schadenersatzpflicht

Weigert sich der Erwerbslose, den Eingliederungsvertrag abzuschließen, kann ihm die Regelleistung des ALG II um 30 Prozent und mehr gekürzt werden (▶*Leistungskürzungen/Sanktionen)*. Kommt eine Eingliederungsvereinbarung nicht zustande, weil sich der Arbeitslose zum Beispiel weigert, das Papier zu unterschreiben, ist vorgeschrieben, dass die Regelungen durch Verwaltungsakt erfolgen. Das heißt, sie werden auch ohne Einwilligung des Betroffenen durch die Behörde in Kraft gesetzt.

Verwaltungsakt

Einstiegsgeld

> *„Zur Überwindung von Hilfebedürftigkeit kann erwerbsfähigen Hilfebedürftigen, die arbeitslos sind, bei Aufnahme einer Erwerbstätigkeit ein Einstiegsgeld erbracht werden, wenn dies zur Eingliederung in den allgemeinen Arbeitsmarkt erforderlich ist. Das Einstiegsgeld wird als Zuschuss zum Arbeitslosengeld II erbracht."*
> *(§ 29 SGB II)*

Wenn ein erwerbsfähiger Hilfebedürftiger eine Lohnarbeit, ein Praktikum oder eine selbständige Tätigkeit aufnimmt, der Lohn oder das Einkommen daraus aber nicht ausreicht, um davon den Lebensunterhalt zu bestreiten, so kann der ▶*Fallmanager* ein Einstiegsgeld gewähren. Dem Bezieher von ALG II soll diese Leistung sozusagen als Brücke zu einem festen sozialversicherten Beschäftigungsverhältnis oder zu einer selbständigen Tätigkeit dienen.

Einstiegsgeld

Das Einstiegsgeld kann zum Beispiel gewährt werden, um die Fahrtkosten zu einer weit entfernten Praktikumstelle abzudecken. Bei anderen Arbeitslosen, die sich selbständig machen wollen, gilt es wiederum als eine Art Existenzgründerzuschuss. Für Bezieher von ALG II ist nämlich keine Förderung im Rahmen der „Ich-AGs“ vorgesehen. Derzeit sind die Bestimmungen für das Einstiegsgeld noch nicht sehr konkret, der Fallmanager kann hier einen großen Ermessensspielraum ausschöpfen. Ein Rechtsanspruch auf diese Leistung besteht nicht.

Klar im Gesetz geregelt ist jedoch, dass das Einstiegsgeld für einen Zeitraum von maximal 24 Monaten erbracht wird. Die Höhe legt der Fallmanager fest – das können zum Beispiel 300 Euro sein –, laut Gesetz soll bei der Bemessung die vorherige Dauer der Arbeitslosigkeit, die Größe der ▶*Bedarfsgemeinschaft* und die Höhe der ▶*Regelleistung* berücksichtigt werden.

Höhe des Einstiegsgeldes

Erbenhaftung

„Der Erbe eines Empfängers von Leistungen zur Sicherung des Lebensunterhalts ist zum Ersatz

der Leistungen verpflichtet, soweit diese innerhalb der letzten zehn Jahre vor dem Erbfall erbracht worden sind und 1.700 Euro übersteigen. Die Ersatzpflicht ist auf den Nachlasswert im Zeitpunkt des Erbfalles begrenzt."
(§ 35 SGB II)

Schutzbestimmungen

Zu Lebzeiten eines Erwerbslosen kann dessen Vermögen verschiedenen Schutzbestimmungen unterliegen, zum Beispiel als Absicherung für das Alter, bei Härtefällen oder wenn eine Verwertung unwirtschaftlich wäre. Mit dem Tod entfallen jedoch die Gründe, die es bisher als gerechtfertigt erscheinen ließen, das Vermögen des erwerbsfähigen Hilfebedürftigen ganz oder teilweise zu schonen. So ist der Erbe vom Gesetzgeber dazu verpflichtet, aus dem Erbschaftsvermögen einen Ersatz für die Leistungen zu zahlen, die der Verstorbene innerhalb der zehn Jahre davor aus der Grundsicherung für Arbeitsuchende bezogen hat, wenn die Summe dieser Leistungen 1.700 Euro (Höhe des gesetzlich festgelegten Freibetrags) übersteigt.

BEISPIEL

Die geerbte Eigentumswohnung

Stefan Müller erbt von seinem Vater Klaus, der im Alter von 62 Jahren verstorben ist, eine Eigentumswohnung mit einem Verkehrswert von 125.000 Euro. Klaus Müller hatte in den letzten vier Jahren vor seinem Tod Leistungen aus dem Arbeitslosengeld II in Höhe von insgesamt rund 28.000 Euro bezogen. Diesen Betrag abzüglich des Freibetrags von 1.700 Euro, also 26.300 Euro, muss Stefan Müller aus seinem Erbe an den Staat zurückzahlen.

Anders sähe es aus, wenn Stefan und Klaus Müller in einem gemeinsamen Haushalt gewohnt und der Sohn den Vater dauerhaft gepflegt hätte. Denn in einem solchen Fall wäre auf die Rückforderung generell ein erhöhter Freibetrag von 15.500 Euro anzurechnen. Eine Rückerstattung wird überhaupt nicht gefordert, wenn die Inanspruchnahme des Erben nach der Besonderheit des Einzelfalles eine besondere Härte bedeuten würde (§ 35 SGB II Absatz 2). Dies gilt zum Beispiel dann, wenn die Voraussetzungen für den erhöhten Freibetrag von 15.500 Euro nur deswegen nicht erfüllt sind, weil der Erbe mit dem Leistungsempfänger nicht verwandt war, wenn er zum Beispiel seine Schwiegertochter oder ein Stiefkind gepflegt hat. Der Ersatzanspruch des Staates an den Erben erlischt drei Jahre, nachdem der ehemalige Leistungsbezieher verstorben ist.

Besondere Härte

Erwerbsfähigkeit

> *„Erwerbsfähig ist, wer nicht wegen Krankheit oder Behinderung auf absehbare Zeit außerstande ist, unter den üblichen Bedingungen des allgemeinen Arbeitsmarktes mindestens drei Stunden täglich erwerbstätig zu sein.“*
> *(§ 8 SGB II)*

Jeder Hilfebedürftige, der dem Arbeitsmarkt für mindestens drei Stunden am Tag zur Verfügung steht, gilt als erwerbsfähig. Dabei ist für den Status der Erwerbsfähigkeit unerheblich, ob der betreffenden Person eine Erwerbsarbeit vorübergehend nicht

Drei Stunden am Tag

zugemutet werden kann, zum Beispiel wegen der Erziehung eines Kindes unter drei Jahren.

Als nicht erwerbsfähig gilt, wer aufgrund einer Behinderung oder einer Krankheit auf absehbare Zeit (sechs Monate) nicht mindestens drei Stunden pro Tag arbeiten kann.

Gültige Arbeitserlaubnis

Ausländer gelten nur dann als erwerbsfähig, wenn für sie eine gültige Arbeitserlaubnis vorliegt.

Fallmanager

> *„Die Leistungen der Grundsicherung für Arbeitsuchende werden in Form von … Dienstleistungen, insbesondere durch Information, Beratung und umfassende Unterstützung durch einen persönlichen Ansprechpartner mit dem Ziel der Eingliederung in Arbeit … erbracht.“ (§ 4 SGB II)*

> *„Die Agentur für Arbeit soll einen persönlichen Ansprechpartner für jeden erwerbsfähigen Hilfebedürftigen und die mit ihm in einer Bedarfsgemeinschaft Lebenden benennen.“ (§ 14 SGB II)*

Der persönliche Ansprechpartner – das ist für erwerbsfähige Hilfebedürftige der Fallmanager – übernimmt beim „Fördern“ der Arbeitsuchenden eine zentrale Rolle. Schließlich haben bisherige Erfahrungen aus der Praxis gezeigt, dass Arbeitslose und arbeitsfähige Sozialhilfeempfänger durch eine intensive individuelle Beratung und Betreuung schneller und nachhaltiger in den Arbeitsmarkt vermittelt werden können. Jeder erwerbsfähige Hilfebedürftige soll eine auf seine individuelle Situation angepasste Hilfestellung erhalten.

Individuelle Hilfestellung

Der Fallmanager ist die Kontaktperson für den Hilfebedürftigen und dessen ▶*Bedarfsgemeinschaft*. Gemeinsam analysieren sie die berufliche und soziale Situation des Arbeitslosen, zum Beispiel hinsichtlich der Gründe für die Erwerbslosigkeit oder eigener Fähigkeiten. Anhand dieser Einschätzung schließt der erwerbsfähige Hilfebedürftige mit dem persönlichen Betreuer für sechs Monate eine ▶*Eingliederungsvereinbarung* ab. Diese von beiden Seiten gemeinsam erarbeitete Vereinbarung soll sicherstellen, dass die Agentur für Arbeit dem Arbeitslosen Angebote unterbreitet, die sowohl ihm und seinen Fähigkeiten als auch dem Arbeitsmarkt entsprechen. Andererseits wird mit jedem Arbeitslosen vereinbart, welche Anstrengungen von ihm selbst im Rahmen des Eingliederungsprozesses erwartet werden.

Intensive Betreuung

Die Aufgabe des Fallmanagers besteht darin, im Kontext des SGB II eine intensive Betreuung bei persönlichen und sozialen Problemen, die einer Arbeitsaufnahme entgegenstehen, zu gewährleisten. Er soll individuelle Lösungsstrategien entwickeln und Hilfestellung geben, wenn sich unterschiedliche Problembereiche beim Arbeitslosen und Hilfebedürftigen überlappen. Das ist der Fall, wenn zum Beispiel zu einer Drogen- oder Alkoholabhängigkeit hohe Schulden oder drohende Obdachlosigkeit hinzukommt. Als persönlicher Berater kümmert er sich dann um entsprechende Hilfsangebote und vermittelt zum Beispiel einen Termin bei der Schuldnerberatungsstelle oder dem Wohnungsamt. Der Fallmanager organisiert sozusagen ein Netzwerk an Hilfestellungen für seinen „Kunden", kontrolliert aber auch dessen Anstrengungen und Bemühungen, wieder in Arbeit zu gelangen.

Netzwerk

Sowohl die Hilfestellung durch den Fallmanager als auch die Eingliederungsvereinbarung sollen ganz auf die individuelle persönliche Situation des Hilfebedürftigen zugeschnitten sein. Daher wird diesen Mitarbeitern der Bundesagentur für Arbeit ein breiter Ermessensspielraum eingeräumt, was Leistungen, Leistungskürzungen oder die Zumutbarkeit von Arbeit anbelangt. So entscheidet der Fallmanager, ob ▶*Einstiegsgeld* gewährt wird oder nicht. Er legt auch fest, ob die Bemühungen des Arbeitslosen ausreichen oder ob zum Beispiel einem Ingenieur das Fegen von Friedhofswegen zumutbar ist. Der Arbeitslose ist also in hohem Maße von der persönlichen Einschätzung durch seinen Fallmanager abhängig. Ist er mit einer Entscheidung seines Ansprechpartners nicht einverstanden, kann er aber ▶*Widerspruch* einlegen.

Persönliche Einschätzung

Nach Angaben des Bundesministeriums für Arbeit und Wirtschaft soll der persönliche Ansprechpartner beziehungsweise Fallmanager in der Regel nicht mehr als 75 erwerbsfähige Hilfebedürftige betreuen.

Angesichts von rund 3,44 Millionen Menschen, die Anspruch auf Leistungen nach dem SGB II haben, besteht also ein enormer Bedarf an qualifizierten persönlichen Betreuern. Allgemein wird davon ausgegangen, dass der gewünschte Betreuungsschlüssel von 75 zu eins nach dem Startzeitpunkt der Grundsicherung für Arbeitsuchende am 1.1.2005 zunächst nur für die unter 25-jährigen Arbeitslosen erreicht wird.

Betreuungsschlüssel

Grundsicherung für Arbeitsuchende

> *„Die Grundsicherung für Arbeitsuchende soll die Eigenverantwortung von erwerbsfähigen Hilfebedürftigen und Personen, die mit ihnen in einer Bedarfsgemeinschaft leben, stärken und dazu beitragen, dass sie ihren Lebensunterhalt unabhängig von der Grundsicherung aus eigenen Mitteln und Kräften bestreiten können. Sie soll erwerbsfähige Hilfebedürftige bei der Aufnahme oder Beibehaltung einer Erwerbstätigkeit unterstützen und den Lebensunterhalt sichern, soweit sie ihn nicht auf andere Weise bestreiten können. Die Gleichstellung von Männern und Frauen ist als durchgängiges Prinzip zu verfolgen."*
> *(§ 1 SGB II)*

Die Grundsicherung für Arbeitsuchende ersetzt für erwerbsfähige Hilfebedürftige die Leistungen nach der bisherigen ▶*Arbeitslosenhilfe* und Leistungen aus der bisherigen ▶*Sozialhilfe*. Sie soll bei der Eingliederung in Arbeit unterstützten und den Lebens-

Soziales Netz

unterhalt sichern. Neben dem Arbeitslosengeld stellt die Grundsicherung somit künftig das wichtigste soziale Netz für Erwerbsfähige dar. Ausgerichtet ist die Grundsicherung für Arbeitsuchende darauf, dass durch eine Erwerbsarbeit die Hilfebedürftigkeit vermieden oder überwunden, verkürzt oder verringert wird. Durch die Vermittlung in Arbeit soll der hilfebedürftige Erwerbslose wieder auf eigenen Beinen stehen und dadurch seinen Lebensunterhalt bestreiten können.

Überwindung von Nachteilen

Darüber hinaus soll die Erwerbsfähigkeit des Hilfebedürftigen erhalten, verbessert oder wiederhergestellt werden, zum Beispiel durch Weiterbildung. Ein weiteres Ziel ist es, geschlechtsspezifischen Nachteilen – meist der Benachteiligung von Frauen – entgegenzuwirken. Zudem sollen Nachteile für Behinderte überwunden und berücksichtigt werden. Auch Arbeitslose, die Kinder erziehen oder Angehörige pflegen, dürfen nicht benachteiligt werden.

Die Grundsicherung für Arbeitsuchende ist Gegenstand des Zweiten Buches (II) des Sozialgesetzbuches (SGB), abgekürzt SGB II. Sie geht auf Empfehlungen der ▶*Hartz-Kommission* zurück und wurde durch das „Vierte Gesetz für moderne Dienstleistungen am Arbeitsmarkt“ vom 24.12.2003 in Kraft gesetzt.

Grundsicherung im Alter

2003 hat der Gesetzgeber die so genannte bedarfsorientierte Grundsicherung im Alter und bei Erwerbsminderung eingeführt. Darunter ist eine finanzielle Grundsicherung für alte und schwer behinderte Menschen zu verstehen. Dabei handelt es sich um eine eigenständige soziale Leistung, die nicht der Sozialhilfe entspricht. Damit wird vielen Senioren, die Jahrzehnte gearbeitet und für ihre Familie gesorgt haben, deren Rente aber unterhalb des Sozialhilfeniveaus liegt, der Gang zum Sozialamt erspart. Das heißt auch, dass die Angehörigen der Senioren, soweit sie Normalverdiener sind, also über ein Gehalt von weniger als 100.000 Euro jährlich verfügen, nicht für den Unterhalt herangezogen werden. Die Leistungen nach der Grundsicherung im Alter und bei Erwerbsminderung unterscheiden sich von der ▶*Grundsicherung für Arbeitsuchende* (ALG II) darin, dass ein anderer Personenkreis Anspruch darauf hat.

Eigenständige Leistung

ÜBERSICHT ÜBER VERSCHIEDENE LEISTUNGSARTEN	
Soziale Sicherung	Leistungsberechtigte
Grundsicherung für Arbeitsuchende	15- bis 65-jährige erwerbsfähige Hilfebedürftige und ihre nicht erwerbsfähigen Angehörigen
Grundsicherung im Alter und bei Erwerbsminderung	Über 65-jährige Hilfebedürftige und über 18-Jährige, die voll erwerbsgemindert sind
Sozialhilfe	Nicht erwerbsfähige Personen: Kinder unter 15 Jahren, dauerhaft voll Erwerbsgeminderte unter 18 Jahren, zeitweise voll Erwerbsgeminderte – jeweils soweit Bedürftigkeit vorliegt

Leistungen im Rahmen der Grundsicherung im Alter und bei Erwerbsminderung können Personen mit gewöhnlichem Aufenthalt in der Bundesrepublik Deutschland erhalten, die entweder das 65. Lebensjahr vollendet haben oder volljährig und unabhängig von der jeweiligen Arbeitsmarktlage aus medizinischen Gründen dauerhaft voll erwerbsgemindert sind, wenn es unwahrscheinlich ist, dass ihre volle Erwerbsminderung behoben werden kann. Einen Anspruch auf diese Leistungen haben Personen, die ihren Lebensunterhalt nicht aus eigenem Einkommen und Vermögen oder aus dem Einkommen und Vermögen des nicht getrennt lebenden Ehegatten oder des eheähnlichen Partners – soweit es deren Eigenbedarf übersteigt – bestreiten können.

Volle Erwerbsminderung

Keinen Anspruch auf Leistungen haben Personen,

- wenn das Einkommen ihrer unterhaltspflichtigen Eltern oder Kinder jährlich einen Betrag von 100.000 Euro übersteigt.
- die ihre Bedürftigkeit innerhalb der vergangenen zehn Jahre vorsätzlich oder grob fahrlässig herbeigeführt haben, zum Beispiel, indem sie Vermögen verschenkt haben.
- die Leistungen nach dem Asylbewerberleistungsgesetz erhalten.

Umfang

Der Bedarf bei der Grundsicherung im Alter umfasst

- den für den Antragsberechtigten maßgebenden Regelsatz zuzüglich 15 Prozent des Regelsatzes

eines Haushaltsvorstands (293 Euro) nach dem Bundessozialhilfegesetz;
- die angemessenen tatsächlichen Aufwendungen für Unterkunft und Heizung;
- gegebenenfalls anfallende Kranken- und Pflegeversicherungsbeiträge;
- bei Besitz eines Schwerbehindertenausweises mit dem Merkzeichen „G“ für erheblich gehbehindert oder „aG“ für außergewöhnlich gehbehindert einen Mehrbedarf von 20 Prozent des maßgebenden Regelsatzes.

Schwerbehindertenausweis

Hartz-Kommission

Auf dem Hintergrund anhaltend hoher Arbeitslosigkeit berief Bundeskanzler Schröder im Februar 2002 die Hartz-Kommission ein. Sie sollte Vorschläge zur Reform des Arbeitsmarktes erarbeiten. Die Kommission bestand aus 15 Mitgliedern und wurde nach dem Vorsitzenden Peter Hartz, Vorstandsmitglied bei VW, benannt.

Mitglieder der Kommission

Zu den Mitgliedern der Kommission zählten unter anderem Vertreter der Deutschen Bank, der Unternehmensberatung McKinsey, des Zentralverbandes des Deutschen Handwerks, der BASF, der Gewerkschaften Ver.di und IG Metall sowie Wissenschaftler der Universität Potsdam und des Wissenschaftszentrums Berlin für Sozialforschung (WZB), zudem zwei Politiker, Leipzigs Oberbürgermeister Wolfgang Tiefensee und der Arbeitsminister von Nordrhein-Westfalen Harald Schartau.

Job-Center

Im August 2002 legte die Kommission ihren einstimmig gefassten Abschlussbericht vor. Er umfasste 13 Innovationsmodule, welche die Umgestaltung des Arbeitsmarktes, die Umwandlung der Arbeitsämter in „Job-Center", die Verschärfung der Zumutbarkeit von Arbeit, den Aufbau so genannter Personal-Service-Agenturen (PSA) zur Organisation von Leiharbeit, „Ich-AGs" sowie einen „Masterplan" vorsahen, nach dem die „Profis der Nation" (Vollzeitpolitiker, Journalisten, Manager, Gewerkschafter etc.) gemeinsam am Abbau der Arbeitslosigkeit arbeiten sollten.

Die meisten dieser Vorschläge wurden aufgenommen und in den Hartz-Gesetzen umgesetzt. So findet sich auch das „Innovationsmodul 6" – die Zusammenführung von Arbeitslosenhilfe und Sozialhilfe – in Gesetzesform in „Hartz IV", dem „Vierten Gesetz für moderne Dienstleistungen am Arbeitsmarkt" wieder.

Hilfebedürftigkeit

„Hilfebedürftig ist, wer seinen Lebensunterhalt, seine Eingliederung in Arbeit und den Lebensunterhalt der mit ihm in einer Bedarfsgemeinschaft lebenden Personen nicht oder nicht ausreichend aus eigenen Kräften und Mitteln, vor allem nicht

1. *durch Aufnahme einer zumutbaren Arbeit,*
2. *aus dem zu berücksichtigenden Einkommen oder Vermögen sichern kann und die erforderliche Hilfe nicht von anderen, insbesondere von Angehörigen oder von Trägern anderer Sozialleistungen erhält."* (§ 9 SGB II)

Anders als beim ▶*Arbeitslosengeld*, bei dem Leistungen aus einem Versicherungsverhältnis (Arbeitslosenversicherung) heraus bezogen werden, ist bei dem neuen ▶*Arbeitslosengeld II* die Bedürftigkeit des Arbeitslosen ausschlaggebend. Bedürftigkeit besteht, wenn der Betreffende seinen Lebensunterhalt weder durch eine Erwerbstätigkeit noch durch andere Einkommen oder durch Vermögen bestreiten kann. Ob eine solche Situation vorliegt, wird anhand eines Antrags festgestellt, in dem der Antragsteller Auskunft über die Einkommens- und Vermögensverhältnisse der ▶*Bedarfsgemeinschaft* gibt.

Bedürftigkeit des Arbeitslosen

Kann in einer Bedarfsgemeinschaft nicht der gesamte Bedarf aus eigenen Kräften und Mitteln gedeckt werden, gilt jede dazugehörige Person als hilfebedürftig – in welchem Maß hängt vom Verhältnis des eigenen Bedarfs zum Gesamtbedarf ab. Hilfebedürftig können also auch die mit einem Arbeitslosen in einem Haushalt lebenden Personen sein, die dann ▶*Sozialgeld* erhalten. Dabei werden allerdings Einkommen und Vermögen des (Ehe-)Partners berücksichtigt. Bei minderjährigen unverheirateten Kindern, die mit ihren Eltern oder einem Elternteil in einer Bedarfsgemeinschaft leben und die Leistungen zur Sicherung ihres Lebensunterhalts nicht aus eigenem Einkommen oder Vermögen beschaffen können, wird auch das Einkommen und Vermögen der Eltern oder des Elternteils zu Deckung dieses Bedarf herangezogen.

Sozialgeld

Hilfebedürftigkeit besteht auch, wenn es dem Betreffenden nicht möglich ist, das zu berücksichtigende Vermögen sofort zu verbrauchen oder zu verwerten oder wenn dies für ihn eine besondere Härte bedeuten würde. In diesem Fall werden die Leistungen nach ALG II als Darlehen erbracht. Ein Härtefall liegt zum Beispiel vor, wenn die Verwertung des Vermögens unwirtschaftlich wäre, zum Beispiel wenn ein Grundstück zehn Prozent unter dem eigentlichen Verkaufswert veräußert werden müsste.

Leistungen als Darlehen

Junge Arbeitslose

> *„Erwerbsfähige Hilfebedürftige, die das 25. Lebensjahr noch nicht vollendet haben, sind unverzüglich nach Antragstellung auf Leistungen nach diesem Buch in eine Arbeit, eine Ausbildung oder eine Arbeitsgelegenheit zu vermitteln. Können Hilfebedürftige ohne Berufsabschluss nicht in eine Ausbildung vermittelt werden, soll die Agentur für Arbeit darauf hinwirken, dass die vermittelte Arbeit oder Arbeitsgelegenheit auch zur Verbesserung ihrer beruflichen Kenntnisse und Fähigkeiten beiträgt." (§ 3 SGB II)*

Spezielle Regelungen

Das Hartz-IV-Gesetz beinhaltet einige spezielle Regelungen für junge Arbeitslose unter 25 Jahren, die sich sowohl auf das Fördern als auch auf das Fordern beziehen. Unter dem Stichpunkt Fördern ist zum Beispiel vorgesehen, dass die vom Gesetzgeber angepeilte Betreuungsquote von 75 erwerbsfähigen Hilfebedürftigen pro Fallmanager in der Startphase des ALG II zumindest für die rund 340.000 Arbeitslosen unter 25 Jahren eingehalten wird.

Ein weiterer wesentlicher Punkt der Hartz-IV-Gesetzgebung hinsichtlich junger Arbeitsloser findet sich im § 3 Absatz 2 des SGB II: Danach hat jeder Jugendliche unter 25 Jahren einen Anspruch auf einen Arbeitsplatz, einen Ausbildungsplatz oder zumindest auf eine Arbeitsgelegenheit. Andererseits ist dies nicht nur ein Anspruch, sondern auch eine Pflicht; die Agentur für Arbeit soll jeden Jugendlichen „unverzüglich“ nach Antragstellung vermitteln. Das heißt unter den verschärften Zumutbarkeitskriterien des SGB II (▶*Zumutbarkeit*), dass der Jugendliche praktisch jede Arbeit annehmen muss, auch wenn zum Beispiel der Arbeitsplatz weiter entfernt vom Wohnort liegt. Und er muss gegebenenfalls der Anforderung der Agentur für Arbeit nachkommen, eine befristete Arbeitsgelegenheit anzunehmen (▶*Ein-Euro-Jobs*). Derartige Arbeitsgelegenheiten, darunter sind zum Beispiel Tätigkeiten in Altenheimen, Krankenhäusern oder auch Kindergärten zu verstehen, werden zu einem großen Teil von den Wohlfahrtsverbänden gestellt werden. Zudem hat der Gesetzgeber ausdrücklich festgelegt, dass die vermittelten Arbeitsstellen und Arbeitsgelegenheiten zur Verbesserung der beruflichen Kenntnisse und Fähigkeiten jugendlicher Arbeitsloser ohne Berufsausbildung beitragen sollen. Die von der Agentur für Arbeit vermittelte Tätigkeit muss also dem beruflichen Fortkommen dienen und darf keine bloße Beschäftigungstherapie darstellen.

Anspruch und Pflicht

Fortkommen im Beruf

Auch die Forderungen, die an die jugendlichen Arbeitslosen gestellt werden, sind speziell ausgestaltet.

Leistungskürzungen

Droht einem erwerbsfähigen Hilfebedürftigen über 25 Jahren ein ganzer Katalog von Leistungskürzungen, wenn er seinen Pflichten nicht nachkommt, indem er zum Beispiel eine Arbeitsgelegenheit als Hilfshausmeister in einer Schule ablehnt, so wird bei jugendlichen Arbeitslosen unter 25 Jahren das Arbeitslosengeld ganz gestrichen, wenn sie ihre Pflichten verletzen. Dazu heißt es in § 31 Absatz 5 SGB II:

> *„Bei erwerbsfähigen Hilfebedürftigen, die das 15. Lebensjahr, jedoch noch nicht das 25. Lebensjahr vollendet haben, wird das Arbeitslosengeld II unter den in den Absätzen 1 und 4 genannten Voraussetzungen auf die Leistungen nach § 22 beschränkt; die nach § 22 Abs. 1 angemessenen Kosten für Unterkunft und Heizung sollen an den Vermieter oder andere Empfangsberechtigte gezahlt werden. Die Agentur für Arbeit soll Leistungen nach Absatz 3 Satz 3 an den erwerbsfähigen Hilfebedürftigen erbringen.*
> *Der erwerbsfähige Hilfebedürftige ist vorher über die Rechtsfolgen nach den Sätzen 1 und 2 zu belehren."*

Ein jugendlicher Arbeitsloser verletzt seine Pflichten, wenn er

- eine zumutbare Arbeit, Ausbildung oder Arbeitsgelegenheit ablehnt.
- sich weigert, eine angebotene Eingliederungsvereinbarung abzuschließen oder die dort festgelegten Pflichten zu erfüllen.

- eine zumutbare Maßnahme zur Eingliederung in Arbeit abbricht.
- sein Einkommen und Vermögen verschleudert, zum Beispiel, indem er Geld verschenkt.
- ein unwirtschaftliches Verhalten an den Tag legt, sich beispielsweise teure Hobbys leistet.

In all diesen Fällen werden ihm sämtliche Geldbezüge bis auf die Kosten für Unterkunft und Heizung gestrichen. Diese Zahlung geht an einen Dritten, zum Beispiel direkt an die Hausverwaltung. Das heißt, dass der jugendliche Arbeitslose in solchen Fällen kein Bargeld mehr in die Hand bekommt. Stattdessen gewährt ihm die Agentur für Arbeit in angemessenem Umfang Sachleistungen oder geldwerte Leistungen, zum Beispiel in Form von Einkaufsgutscheinen.

Zahlung direkt an Vermieter

Kindergeld

Unabhängig von der Staatsangehörigkeit wird Kindergeld (offizielle Bezeichnung: „Familienleistungsausgleich nach dem Einkommensteuergesetz“) für Kinder gezahlt, die in Deutschland einen Wohnsitz haben oder sich hier gewöhnlich aufhalten. Dasselbe gilt, wenn die Kinder in einem Mitgliedstaat der Europäischen Union oder des Europäischen Wirtschaftsraums leben.

In Deutschland besteht ein Anspruch auf Kindergeld für alle Kinder bis zum 18. Lebensjahr, für Kinder in Ausbildung oder ohne Ausbildungsplatz bis zum 27. Lebensjahr, für Kinder, die arbeitslos sind, bis zum

Anspruch auf Kindergeld

21. Lebensjahr und zeitlich unbegrenzt für Kinder, die wegen einer Behinderung außerstande sind, ihren Lebensunterhalt selbst zu bestreiten. Das Kindergeld für ein Kind über 18 Jahren entfällt, wenn dessen eigenes Einkommen mehr als 7.680 Euro pro Jahr beträgt.

Seit 1996 gehört das Kindergeld zum Steuerrecht und wird als vorweggenommene Steuervergütung festgesetzt und gezahlt. Zu beantragen ist es bei den Familienkassen. Das Kindergeld wird unabhängig vom Einkommen monatlich gezahlt. Es ist nach der Zahl der Kinder gestaffelt und beträgt:

Monatliche Zahlung

- für erste, zweite und dritte Kinder monatlich 154 Euro,
- für vierte und weitere Kinder monatlich 179 Euro.

Diese Leistung wird an diejenige Person ausgezahlt, in deren Obhut sich das Kind befindet. Lebt das Kind bei beiden verheirateten oder nicht verheirateten Eltern, können diese bestimmen, wer von ihnen das Kindergeld erhalten soll. Bei dem Bezug von Leistungen nach der Grundsicherung für Arbeitsuchende wird das Kindergeld als Einkommen eingerechnet.

Kinderzuschlag

„Personen erhalten nach diesem Gesetz für in ihrem Haushalt lebende Kinder, die noch nicht das 18. Lebensjahr vollendet haben, einen Kinderzuschlag …“ (§ 6 a BKGG[6])

6 Bundeskindergeldgesetz, geändert nach Artikel 46 des SGB II.

Das gilt, wenn das Einkommen der Eltern zwar für ihren eigenen Lebensunterhalt, nicht aber für den der Kinder reicht. Der Kinderzuschlag, der zusammen mit dem Kindergeld ausgezahlt wird, soll verhindern, dass erwerbstätige Eltern allein wegen des Unterhalts für ihre Kinder Leistungen nach dem ALG II beantragen müssen. Familien in bestimmten Einkommenssituationen werden damit vom ALG II beziehungsweise dem Sozialgeld unabhängig – und fallen damit auch aus der Statistik. Das heißt, dass der Kinderzuschlag nicht an Arbeitsuchende, sondern an Erwerbstätige gezahlt wird.

Höhe des Zuschlags

Der Kinderzuschlag beträgt höchstens 140 Euro monatlich je Kind. Zusammen mit dem Kindergeld in Höhe von monatlich 154 Euro wird der durchschnittliche Bedarf von Kindern gedeckt. Den Wohnbedarf deckt das bei gegebener Einkommenshöhe zustehende Wohngeld. Die Zahlung des Kinderzuschlags ist auf 36 Monate begrenzt.

BEISPIEL

Familie Müller

Bernd und Mathilde Müller leben zusammen mit ihrer vierjährigen Tochter in einem der alten Bundesländer. Die Eltern haben einen Lebensunterhaltsbedarf von 1.026 Euro. Darin enthalten ist zweimal der Regelsatz von je 311 Euro zuzüglich der anteiligen Kosten für Unterkunft und Heizung. Das anzurechnende Einkommen der Eltern beträgt rund 1.000 Euro und reicht damit gerade für ihren eigenen Bedarf. Der Unterhalt für das Kind – Regelleistung 207 Euro plus anteilig die Kosten für die Unterkunft – müsste also über das ALG II beziehungsweise Sozialgeld geleistet werden. Dies wird durch den Kinderzuschlag in Höhe von maximal 140 Euro vermieden, den die Familie zusätzlich zum Kindergeld in Höhe von 154 Euro erhält.

Erwerbs-anreiz

Wenn das Einkommen oder Vermögen der Eltern dem eigenen Mindestbedarf entspricht, ist der Kinderzuschlag in voller Höhe der 140 Euro zu zahlen. Berücksichtigt werden dabei zum Beispiel auch Einkommen und Vermögen von Partnern, die in eheähnlicher Lebensgemeinschaft leben. Überschreiten Einkommen und Vermögen diese Grenze, wird der Kinderzuschlag gemindert. Um aber dennoch einen Erwerbsanreiz zu bieten, also die Leute in Arbeit zu halten, wird das Erwerbseinkommen der Eltern, das über ihren eigenen Mindestbedarf hinausgeht, nur zu 70 Prozent angerechnet.

BEISPIEL: Hätten in unserem Beispiel die Eltern Müller ein anzurechnendes Einkommen von 1.126 Euro, so läge dieser Betrag um 100 Euro über ihrem Bedarf. Diese 100 Euro werden dann zu 70 Prozent, also mit 70 Euro, auf den Kinderzuschlag angerechnet. Von 140 Euro Höchstzuschlag bleiben damit noch 70 Euro Kinderzuschlag übrig. Einkommen aus öffentlichen und privaten Zahlungen sowie Kapitaleinkünfte werden dagegen voll angerechnet, da ein Erwerbsanreiz hier nicht notwendig ist.

Das heißt: Besteht das Einkommen der Müllers von 1.126 Euro zum Beispiel aus einer Rente, dann wird der Überhang zum Bedarf, das sind 100 Euro, voll vom Kinderzuschlag abgezogen. Die Familie Müller würde in diesem Fall also nur noch 40 Euro Kinderzuschlag beziehen.

Da der Kinderzuschlag eine Familienleistung ist, wurde er im Bundeskindergeldgesetz (BKGG) verankert. Die Familienkassen zahlen ihn aus. Der Kinderzuschlag wird nur auf Antrag gewährt, der jedoch auch rückwirkend gestellt werden kann.

Gewährung auf Antrag

Kommunale Träger

„Träger der Leistungen nach diesem Buch sind
1. *die Bundesagentur für Arbeit …,*
2. *die kreisfreien Städte und Kreise (kommunale Träger) …" (§ 6 SGB II)*

„Zur einheitlichen Wahrnehmung ihrer Aufgaben nach diesem Buch errichten die Träger der Leistungen nach diesem Buch im Bezirk jeder Agentur für Arbeit eine Arbeitsgemeinschaft in den … Job-Centern. Die Ausgestaltung und Organisation der Arbeitsgemeinschaften soll die Besonderheiten der beteiligten Träger, des regionalen Arbeitsmarktes und der regionalen Wirtschaftsstruktur berücksichtigen."
(§ 44 b SGB II)

Durch die Zusammenlegung von Arbeitslosenhilfe und Sozialhilfe in die Grundsicherung für Arbeitsuchende soll der Erwerbslose nun Leistungen aus einer Hand erhalten – zuständig ist künftig eine Arbeitsgemeinschaft, die aus der Bundesagentur für Arbeit und aus kommunalen Trägern besteht.

Arbeitsgemeinschaft

Bisher sorgten unter bestimmten Umständen zwei soziale Sicherungssysteme gleichzeitig für den Lebensunterhalt eines Erwerbslosen, zum Beispiel wenn ein

Bezieher von Arbeitslosenhilfe zusätzlich Anspruch auf Sozialhilfe hatte, da die Arbeitslosenhilfe alleine nicht zum Leben ausreichte. In diesem Fall waren sowohl die Agentur für Arbeit als auch das Sozialamt zuständig. Diese beiden Behörden werden nun in einer Arbeitsgemeinschaft zusammengefasst. Der Antrag auf Arbeitslosengeld II wird bei einer Behörde gestellt, die diese Leistungen auch ausbezahlt, direkter Ansprechpartner ist der Fallmanager.

Interne Aufteilung

Die kommunalen Träger, die Sozialämter der Städte oder der Kreise, kümmern sich um Unterkunft und Heizung, Kinderbetreuung, Schuldner- und Suchtberatung, Erstausstattung bei Kleidung und Wohnungseinrichtung sowie Leistungen für mehrtätige Klassenfahrten. Die Bundesagentur für Arbeit ist zuständig für alle übrigen Leistungen der Grundsicherung für Arbeitsuchende. Diese interne Aufteilung aber hat keine Auswirkungen auf denjenigen, der einen Antrag auf ALG II stellt.

Leistungskürzungen/Sanktionen

> *„Das Arbeitslosengeld II wird unter Wegfall des Zuschlags nach § 24 in einer ersten Stufe um 30 vom Hundert der für den erwerbsfähigen Hilfebedürftigen nach § 20 maßgebenden Regelleistung abgesenkt, wenn …“*
> *(§ 31 SGB II)*

In § 31 SGB II sind die Maßnahmen benannt, die dem Arbeitslosen drohen, wenn er sich den Anforderungen der Agentur für Arbeit verweigert. Darunter fällt bereits das Nichterscheinen bei einem angesetzten Termin. Als Pflichtverletzung gilt darüber hinaus die Ablehnung zumutbarer Arbeit oder einer Arbeitsgelegenheit (▶*Ein-Euro-Job*) sowie einer ▶*Eingliederungsvereinbarung*. Das Prinzip des „Forderns“ nimmt hier konkrete Gestalt an, und zwar in Form von Leistungskürzungen, die zu einer Minderung der Bezüge von bis zu 60 Prozent und mehr führen können. Im Extremfall wird der Erwerbslose von sämtlichen Geldleistungen ausgeschlossen (Wegfall des ALG II). In diesem Fall stehen dem Erwerbslosen auch keine Leistungen zum Lebensunterhalt nach der Sozialhilfe zu. Die Dauer der Leistungskürzungen beträgt jeweils drei Monate.

Minderung der Bezüge

Die Absenkung der Regelsätze um 30 Prozent in der „ersten Stufe“ erfolgt, wenn der Arbeitslose sich trotz einer Belehrung über die Rechtsfolgen weigert,

- eine ihm angebotene Eingliederungsvereinbarung abzuschließen.
- die in der Eingliederungsvereinbarung festgelegten Pflichten zu erfüllen, insbesondere den Nachweis ausreichender Eigenbemühungen zu erbringen.
- eine zumutbare Arbeit, Ausbildung oder Arbeitsgelegenheit aufzunehmen oder fortzuführen.
- eine zumutbare Arbeit im Rahmen der Ein-Euro-Jobs auszuführen.

Die Sanktion erfolgt auch, wenn der erwerbsfähige Hilfebedürftige

- eine zumutbare Maßnahme zur Eingliederung in Arbeit abbricht oder Anlass für den Abbruch gibt.

Rechtsfolgen

Um zehn Prozent werden die Regelsätze gemindert, wenn der erwerbsfähige Hilfebedürftige – obwohl er schriftlich über die Rechtsfolgen belehrt wurde – einer Aufforderung der Agentur für Arbeit, sich bei ihr zu melden oder bei einem ärztlichen oder psychologischen Untersuchungstermin zu erscheinen, nicht nachkommt und dafür keinen wichtigen Grund nachweist.

Wenn diese Sanktionen erfolgen, wird dem Arbeitslosen nicht nur die Regelleistung gekürzt, sondern es entfällt auch – falls vorhanden – der ▶*befristete Zuschlag*. Verletzt der erwerbsfähige Hilfebedürftige mehrmals seine Pflichten, zum Beispiel, indem er sich weigert, eine Eingliederungsvereinbarung abzuschließen, und danach noch einen Ein-Euro-Job ablehnt, folgt die „zweite Stufe“. Dabei werden die Leistungen wiederum um 30 oder zehn Prozent verringert. Diesmal sind nicht nur die Regelleistungen und gegebenenfalls befristete Zuschläge betroffen, sondern es können auch Mehrbedarfe (zum Beispiel für Alleinerziehende) oder Leistungen für Unterkunft und Heizung gekürzt werden.

Kürzung der Mehrbedarfe

BEISPIEL: Lehnt es ein allein stehender Arbeitsloser ab, eine ihm angebotene Eingliederungsvereinbarung abzuschließen, wird sein Regelsatz von 345 Euro (West) oder 331 Euro (Ost) um 30 Prozent gekürzt. Der Arbeitslose erhält somit nur noch 241,50 Euro beziehungsweise 231,70 Euro. Macht er sich nun einer „wiederholten Pflichtverletzung" schuldig und weigert er sich zum Beispiel, für einen Euro pro Stunde den Rasen am Krankenhaus zu mähen, kann die Regelleistung abermals um 30 Prozent gemindert werden. Dann bleiben von den ursprünglichen 345 Euro (West) nur noch 138 Euro und von den 331 Euro (Ost) nur noch 132,40 Euro übrig.

Nochmalige Minderung

LEISTUNGSKÜRZUNGEN BEI HARTZ IV/ ALLEINSTEHENDE	ALTE BUNDESLÄNDER	NEUE BUNDESLÄNDER
Regelleistung	345,00 Euro	331,00 Euro
Nach erster Kürzung um 30 Prozent	241,50 Euro	231,70 Euro
Nach zweiter Kürzung um 30 Prozent	138,00 Euro	132,40 Euro

Da klar ist, dass niemand von 138 Euro beziehungsweise 132,40 Euro leben kann, sieht der Gesetzgeber im Fall einer Leistungskürzung „ergänzende Sachleistungen" oder „geldwerte Leistungen" vor. Dabei kann es sich zum Beispiel um Lebensmittelpakete oder um Essensgutscheine handeln. Dies ist allerdings eine Kann-Vorschrift. Ein Rechtsanspruch auf derartige Leistungen besteht nur dann, wenn im Haushalt beziehungsweise der Bedarfsgemeinschaft minderjährige Kinder leben.

Kann-Vorschrift

Außerdem sind Leistungskürzungen in folgenden Fällen möglich:

1. Wenn ein erwerbsfähiger Hilfebedürftiger nach Vollendung des 18. Lebensjahres sein Einkommen

oder Vermögen in der Absicht vermindert hat, die Voraussetzungen dafür zu schaffen, dass das Arbeitslosengeld II gewährt oder erhöht wird, zum Beispiel durch leichtfertigen Verbrauch oder Schenkungen, die über gewohnheitsmäßige Gelegenheitsgeschenke hinausgehen.

2. Wenn ein erwerbsfähiger Hilfebedürftiger trotz Belehrung über die Rechtsfolgen sein unwirtschaftliches Verhalten fortsetzt, zum Beispiel, indem er enorm hohe Strom- oder Telefon-/Handykosten verursacht, kostspielige Hobbys wählt oder Glücksspiel betreibt.
3. Bei einem erwerbsfähigen Hilfebedürftigen, dessen Anspruch auf Arbeitslosengeld ruht oder erloschen ist, weil die Agentur für Arbeit den Eintritt einer Sperrzeit oder das Erlöschen des Anspruchs festgestellt hat. **Sperrzeit** Eine Sperrzeit tritt zum Beispiel ein, wenn der Arbeitslose selbst gekündigt hat oder die Kündigung grob fahrlässig herbeigeführt hat (§ 144 SGB III). In diesem Fall bekommt er für eine gewisse Zeit kein Arbeitslosengeld, hat aber Anspruch auf ALG II.

Für drei Monate gestrichen werden die Geldleistungen bei Jugendlichen unter 25 Jahren, die eine Arbeitsgelegenheit, eine Ausbildung, einen Ein-Euro-Job oder eine Eingliederungsmaßnahme ablehnen (▶*Junge Arbeitslose*). Die Kosten für Unterkunft und Heizung werden während dieser Zeit unmittelbar an den Vermieter gezahlt. Auch in solchen Fällen sind Sach- oder geldwerte Leistungen für den Betroffenen möglich.

All diese Sanktionen gelten nicht, wenn der erwerbsfähige Hilfebedürftige einen wichtigen Grund für sein Verhalten, zum Beispiel eine schwere Krankheit wie Aids, nachweisen kann.

Regelleistung

„Erwerbsfähige Hilfebedürftige erhalten als Arbeitslosengeld II … Leistungen zur Sicherung des Lebensunterhalts einschließlich der angemessenen Kosten für Unterkunft und Heizung …"
(§ 19 SGB II)

„Die Regelleistung zur Sicherung des Lebensunterhalts umfasst insbesondere Ernährung, Kleidung, Körperpflege, Hausrat, Bedarfe des täglichen Lebens sowie in vertretbarem Umfang auch Beziehungen zur Umwelt und eine Teilnahme am kulturellen Leben."
(§ 20 SGB II)

Regelleistungen

Die Höhe der bisherigen Arbeitslosenhilfe hing vom zuletzt erhaltenen Verdienst ab, während der Lebensunterhalt nach ALG II durch so genannte Regelleistungen gesichert wird. Für die nicht erwerbsfähigen Angehörigen einer ▶*Bedarfsgemeinschaft*, zu der zum Beispiel die Ehefrau und die Kinder eines Erwerbslosen gehören, wird ▶*Sozialgeld* gezahlt, das der Regelleistung des ALG II entspricht.

Diese Leistungen orientieren sich am Niveau der bisherigen Sozialhilfesätze. Die entsprechenden Beträge sind für Sie in der folgenden Tabelle übersichtlich zusammengefasst:

	ALLEINSTEHENDE ODER ALLEINERZIEHENDE	SONSTIGE ANGEHÖRIGE DER BEDARFSGEMEINSCHAFT		
		Partner ab Beginn des 19. Lebensjahres	Kinder unter 15 Jahren	Kinder 15 bis 18 Jahre
Alte Länder mit Berlin (Ost)	345 Euro	311 Euro	207 Euro	276 Euro
Neue Länder	331 Euro	298 Euro	199 Euro	265 Euro

Beispiel

Eine allein stehende Mutter mit einer vierjährigen Tochter hat demnach zum Beispiel in Hamburg folgenden Bedarf:	
Regelsatz allein erziehende Mutter	345 Euro
Regelsatz vierjährige Tochter	207 Euro
Bedarf	*552 Euro*
Leben Mutter und Tochter in Leipzig, so beträgt der entsprechende Bedarf nach den Regelsätzen für die neuen Bundesländer:	
Regelsatz allein erziehende Mutter	331 Euro
Regelsatz vierjährige Tochter	199 Euro
Bedarf	*530 Euro*

Hinzu kommen die Leistungen für ▶*Unterkunft und Heizung* und weitere Leistungen (siehe unten). Bei einer Familie mit zwei Kindern in Hamburg oder in Leipzig sieht die Bedarfsberechnung folgendermaßen aus:

	HAMBURG	LEIPZIG
Ehepartner	311 Euro	298 Euro
Ehepartner	311 Euro	298 Euro
Tochter acht Jahre	207 Euro	199 Euro
Sohn 16 Jahre	276 Euro	265 Euro
Bedarf	*1.105 Euro*	*1.060 Euro*

Die Familie in Hamburg hat 1.105 Euro, die in Leipzig 1.060 Euro zur Verfügung. Auch bei diesem Beispiel kommen die Leistungen für Unterkunft und Heizung und gegebenenfalls weitere Leistungen hinzu. Die Regelleistung dient dazu, den Bedarf an Lebensmitteln und Getränken, Bekleidung und Schuhen, Möbel und Haushaltseinrichtung, an Gesundheitspflege, Verkehr, Telefon, Unterhaltung und Kultur sowie an Strom und Gas für die Wohnung abzudecken.

Anpassung der Regelleistung

Jeweils zum 1. Juli eines Jahres wird die Regelleistung entsprechend dem aktuellen Rentenwert angepasst, und das Bundesministerium für Wirtschaft und Arbeit soll spätestens am 30. Juni eines Kalenderjahres die Höhe der Regelleistungen für die folgenden zwölf Monate bekannt geben.

Anspruch auf Leistungen zur Sicherung des Lebensunterhalts besteht für jeden Kalendertag, der Monat wird mit 30 Tagen veranschlagt. Wenn Leistungen nicht für einen vollen Monat gewährt wurden, werden sie anteilig gezahlt. Die Leistungen sollen jeweils für sechs Monate bewilligt und monatlich im Voraus erbracht werden.

Mehrbedarf und einmaliger Bedarf

Zu den Regelleistungen des Arbeitslosengeldes II/ Sozialgeld kommen folgende Leistungen hinzu:

- Leistungen für Unterkunft und Heizung
- Gegebenenfalls Leistungen für „Mehrbedarfe" von Schwangeren, Alleinerziehenden, Behinderten oder bei kostenaufwendiger Ernährung

Schwangere

Die Leistungen hinsichtlich des Mehrbedarfs stehen auch den nicht erwerbsfähigen Mitgliedern der Bedarfsgemeinschaft zu. Für Schwangere nach der zwölften Woche betragen sie in den alten Bundesländern maximal 59 Euro, in den neuen Bundesländern maximal 56 Euro. Alleinerziehende erhalten je nach Alter und Zahl der Kinder einen Mehrbedarf zwischen zwölf Prozent und 60 Prozent der Regelleistung, Behinderte 35 Prozent der Regelleistung. Wer aus medizinischen Gründen auf eine aufwendige Ernährung angewiesen ist, dem werden die Kosten in angemessener Höhe erstattet.

Familienfeiern

Mit den Regelleistungen nach SGB II sollen im Allgemeinen auch alle „besonderen Bedarfe", also alle besonderen Aufwendungen des Lebensalltags abgegolten sein. Wurden bei der bisherigen Sozialhilfe Kosten für Familienfeiern wie Taufe oder Kommunion übernommen – „in schlichter Form und kleinem Kreis" –, so gilt dies nun durch die Pauschale der Regelleistung als abgedeckt. Dies trifft zum Beispiel auch für eintägige Klassenfahrten zu. Als Ausnahmen gelten nach § 23 SGB II aber:

- Die Erstausstattung bei Bekleidung, das gilt auch im Fall von Schwangerschaft und Geburt
- Die Erstausstattung für die Wohnung einschließlich der Haushaltsgeräte
- Mehrtägige Klassenfahrten im Rahmen der schulrechtlichen Bestimmung

Geld- und Sachleistungen

Für die Erstausstattung zum Beispiel können Geldleistungen wie Sachleistungen erbracht werden. Diese einmaligen Leistungen erhalten auch diejenigen Hilfebedürftigen, die selbst keine Leistungen nach ALG II beziehen, dazu gehören zum Beispiel Bezieher des ▶*Kinderzuschlags*. Zusätzlich gewährt werden können außerdem

- gegebenenfalls Leistungen nach dem ▶*befristeten Zuschlag*;
- Leistungen als Beiträge zur gesetzlichen Kranken-, Pflege- und Rentenversicherung für die Bezieher von Arbeitslosengeld II und als Beiträge zur Kranken- und Pflegeversicherungs für die Bezieher von Sozialgeld.

Mietschulden

Unter bestimmten Voraussetzungen gibt es von der Bundesagentur für Arbeit auch Leistungen in Form von Darlehen. Dies ist der Fall, wenn etwa die sofortige Verwertung des ▶*anzurechnenden Vermögens* nicht möglich ist oder wenn dies eine besondere Härte bedeuten würde. Auch Mietschulden können von der Behörde als Darlehen übernommen werden, wenn dadurch Obdachlosigkeit vermieden wird.

Sozialgeld

> *„Nicht erwerbsfähige Angehörige, die mit erwerbsfähigen Hilfebedürftigen in Bedarfsgemeinschaft leben, erhalten Sozialgeld …“ (§ 28 SGB II)*

Das Sozialgeld ist eine Leistung zur Sicherung des Lebensunterhalts. Anspruch darauf haben nicht erwerbsfähige Hilfebedürftige, die mit einem erwerbsfähigen Hilfebedürftigen in einer ▶*Bedarfsgemeinschaft* leben. Sozialgeld erhalten also zum Beispiel die Ehefrau oder Lebenspartnerin eines Arbeitslosen mit einem Kind, das jünger als drei Jahre ist, weil die Betreuung von Kindern dieses Alters als nicht vereinbar mit einer Berufstätigkeit gilt, minderjährige Kinder des Arbeitslosen oder seine nicht erwerbsfähigen Eltern. Kein Sozialgeld hingegen erhalten Mitglieder einer Bedarfsgemeinschaft, die eine Frührente beziehen oder älter als 65 Jahre sind, hier greift die ▶*Grundsicherung im Alter*.

Kinder unter drei Jahren

Das Sozialgeld ist ebenso wie das ALG II am Bedarf orientiert, setzt die ▶*Hilfebedürftigkeit* voraus und wird wie das ▶*Arbeitslosengeld II* durch das zu berücksichtigende Einkommen und Vermögen gemindert. Die Höhe des Sozialgeldes entspricht den ▶*Regelleistungen*.

Sozialhilfe

Die Sozialhilfe nach dem Bundessozialhilfegesetz von 1962 bildete bisher das unterste Auffangnetz der

Soziale Absicherung

sozialen Absicherung in der Bundesrepublik Deutschland. Sie dient der Hilfe zum Lebensunterhalt und der Führung eines menschenwürdigen Lebens:

„Die Sozialhilfe umfaßt Hilfe zum Lebensunterhalt und Hilfe in besonderen Lebenslagen. Aufgabe der Sozialhilfe ist es, dem Empfänger der Hilfe die Führung eines Lebens zu ermöglichen, das der Würde des Menschen entspricht. Die Hilfe soll ihn soweit wie möglich befähigen, unabhängig von ihr zu leben; hierbei muß er nach seinen Kräften mitwirken.“
(§ 1 BSHG)

Die Sozialhilfe ist gedacht für Menschen, die sich nicht selbst helfen können:

„Sozialhilfe erhält nicht, wer sich selbst helfen kann oder wer die erforderliche Hilfe von anderen, besonders von Angehörigen oder von Trägern anderer Sozialleistungen, erhält.“
(§ 2 BSHG)

Rechtsanspruch

Sozialhilfe ist kein Almosen, das den Bürgern vom Staat gewährt wird, sondern es besteht ein Rechtsanspruch darauf:

„Auf Sozialhilfe besteht ein Anspruch, soweit dieses Gesetz bestimmt, daß die Hilfe zu gewähren ist. Der Anspruch kann nicht übertragen, verpfändet oder gepfändet werden.“
(§ 4 BSHG)

Leben in Würde

Die Regelsätze der Sozialhilfe, die Übernahme der Kosten für Unterkunft und Heizung sowie zusätzliche Leistungen sollen ein Leben in Würde und auch die Teilnahme am kulturellen Leben ermöglichen. Sozialhilfeempfänger sind arm und viele ältere Personen schämen sich, diese Leistungen beim Sozialamt einzufordern. Trotzdem ist die Zahl der Sozialhilfeempfänger während der den vergangenen Jahrzehnte immer mehr angestiegen.

Am Ende des Jahres 2002 waren in Deutschland 2,76 Millionen Menschen auf Sozialhilfe angewiesen. Die Sozialhilfequote – der Anteil der Personen an der Bevölkerung, der Sozialhilfe beansprucht – lag Ende 2002 bei 3,3 Prozent.

Unter den Sozialhilfebeziehern im Jahr 2002 gab es mehr als eine Million Kinder (1,02 Millionen) unter 18 Jahren, das sind 37 Prozent aller Empfänger. Gut die Hälfte dieser Kinder mit Sozialhilfebezug (55 Prozent oder 558.000 Kinder) lebte in Haushalten von allein erziehenden Frauen. Insgesamt wurden im Jahr 2002 21,9 Milliarden Euro für die Sozialhilfe ausgegeben.

Reform der Sozialhilfe

Im Rahmen der Hartz-Gesetze wird auch die Sozialhilfe erneut reformiert. Das neue Sozialhilfegesetz tritt am 1.1.2005 in Kraft. Dabei werden Dauerarbeitslosigkeit und Armut von erwerbsfähigen Personen komplett aus der Sozialhilfe herausgenommen und dem neuen ▶*Arbeitslosengeld II* zugewiesen.

Unterkunft und Heizung

„Leistungen für Unterkunft und Heizung werden in Höhe der tatsächlichen Aufwendungen erbracht, soweit diese angemessen sind.“
(§ 22 SGB II)

Beim Arbeitslosengeld II werden zusätzlich zu den ▶*Regelleistungen* die angemessenen Kosten sowohl für Unterkunft als auch für Heizung übernommen, das ist ein großer Unterschied im Vergleich zur Arbeitslosenhilfe. Diese Kosten werden in Höhe der tatsächlichen Aufwendungen vom ▶*kommunalen Träger*, das ist entweder die Stadt oder die Gemeinde, getragen, deshalb besteht auch kein Anspruch auf Wohngeld.

Tatsächliche Kosten

Hilfebedürftige, die Mieter sind, bekommen die tatsächlichen Kosten für die Miete und die Mietnebenkosten, zum Beispiel Müllgebühr, Straßenreinigung und Gartenarbeit, und die laufenden Heizkosten als Leistung.

Wohnt der Hilfebedürftige im Eigenheim oder in einer Eigentumswohnung, so werden zum Beispiel die Zinsen für die Hypothek, die Grundsteuer, die Wohngebäudeversicherung und noch weitere Nebenkosten wie auch die Heizkosten übernommen. Nicht berücksichtigt werden hingegen die Tilgungsraten eines Bauspardarlehens, da diese als Vermögensbildung gelten.

Siehe Antrag Zusatzblatt 1 „Kosten für Unterkunft und Heizung"

TIPP

Beim Ausfüllen des Antrags zu beachten

Im Antrag auf ALG II wird im Zusatzblatt 1 – Feststellung der angemessenen Kosten für Unterkunft und Heizung – bei Eigenheimen nur nach den anfallenden Schuldzinsen gefragt (Punkt 2). Doch Sie sollten auch die weiteren Belastungen wie Steuern, Abgaben und Versicherungen unter Punkt 5 („Sonstige Wohnkosten") aufführen.

Entscheidendes Kriterium für die Übernahme der Kosten für Unterkunft und Heizung ist die Angemessenheit. Was als angemessen gilt, hängt von den individuellen Verhältnissen des Einzelnen, also den jeweiligen Lebensumständen, ab und richtet sich zum Beispiel nach der Zahl der Familienangehörigen, nach Alter, Geschlecht sowie Gesundheitszustand. Neben diesen persönlichen Aspekten sind die Größe der Wohnung, die Zahl der Zimmer, das örtliche Mietniveau und die jeweiligen Bedingungen des örtlichen Wohnungsmarktes zu berücksichtigen.

Welche Wohnungsmiete angemessen ist, stellt sich in München mit seinen im Bundesvergleich exorbitanten Mieten anders dar als in einer Kleinstadt in Thüringen. Aus diesem Grund verzichtet der Gesetzgeber hier zunächst auf eine Verordnung und stützt sich erst einmal auf die Erfahrungen der örtlichen Sozialbehörden.

Örtlicher Mietspiegel

In der Praxis soll sich die Frage, wann eine Wohnung angemessen ist, hinsichtlich der Mietkosten am örtlichen Mietspiegel orientieren. Ein Mietpreis im unteren Bereich der ortsüblichen Mieten wird als angemessen erachtet. In Dresden wäre das gegenwärtig in der Regel eine Kaltmiete von rund vier Euro pro Quadratmeter, im teuren München hingegen gilt für Singles ein Satz bis zu 13,50 Euro pro Quadratmeter.

Bei der Größe der Wohnung beziehen sich die kommunalen Träger vielfach auf die im sozialen Wohnungsbau anerkannten Wohnraumgrößen. So gilt für eine allein stehende Person eine Wohnung mit 40 bis 45 Quadratmetern als angemessen, für zwei Personen sind es 60 Quadratmeter, für drei Personen 75 Quadratmeter und für vier Personen 85 bis 90 Quadratmeter. Als Obergrenze bei Einfamilienhäusern gelten derzeit 130 Quadratmeter, bei Eigentumswohnungen 120 Quadratmeter. Ob ein als nicht angemessen eingestuftes Haus verkauft werden muss, hängt auch vom erzielbaren Preis auf dem Immobilienmarkt ab. Ein Erlös von weniger als 90 Prozent des Zeitwerts gilt als „unwirtschaftlich", die Immobilie bleibt dem ALG-II-Bezieher erhalten.

Erzielbarer Preis

Muss der erwerbsfähige Hilfsbedürftige nun sofort aus seiner Wohnung ausziehen, wenn sie als nicht angemessen eingestuft wird? Nein, der Gesetzgeber räumt einen zeitlichen Spielraum ein:

> *„Soweit die Aufwendungen für die Unterkunft den der Besonderheit des Einzelfalles angemessenen Umfang übersteigen, sind sie als Bedarf des allein stehenden Hilfebedürftigen oder der Bedarfsgemeinschaft so lange zu berücksichtigen, wie es dem allein stehenden Hilfebedürftigen*

oder der Bedarfsgemeinschaft nicht möglich oder nicht zuzumuten ist, durch einen Wohnungswechsel, durch Vermieten oder auf andere Weise die Aufwendungen zu senken, in der Regel jedoch längstens für sechs Monate."
(§ 22 SGB II)

Erwerbslose haben also maximal ein halbes Jahr Zeit, um die „Angemessenheit" ihrer Wohnsituation zum Beispiel durch Untervermietung oder durch einen Wohnungswechsel herzustellen.

Siehe Antrag Zusatzblatt 1 „Kosten für Unterkunft und Heizung"

TIPP

Vor Abschluss des neuen Mietvertrags

Bevor Sie den Mietvertrag für eine neue Wohnung unterschreiben, sollten Sie auf jeden Fall die Zusicherung des kommunalen Trägers einholen, dass dieser die damit verbundenen Miet- und Heizkosten für angemessen hält und übernimmt. Und: Betrachtet der Träger den Umzug für notwendig, dann können auch die Mietkaution, die Umzugskosten und weitere Kosten für die Beschaffung der neuen Wohnung übernommen werden.

Zwar werden Schulden im Rahmen der Grundsicherung für Arbeitsuchende grundsätzlich nicht übernommen, doch gibt es hier eine Ausnahme nach § 22 SGB II Absatz 5:

„Mietschulden können als Darlehen übernommen werden, wenn sonst Wohnungslosigkeit einzutreten droht und hierdurch die Aufnahme einer konkret in Aussicht stehenden Beschäftigung verhindert würde."

Widerspruch

Alle Entscheidungen der Bundesagentur für Arbeit sind Verwaltungsakte, die überprüft und angefochten werden können. Wer glaubt, dass er durch eine Entscheidung benachteiligt wird, kann sich dagegen wehren. Gegen eine Entscheidung des Trägers der Grundsicherung für Arbeitsuchende können also sowohl der erwerbsfähige Hilfebedürftige als auch die betroffenen Mitglieder der Bedarfsgemeinschaft Widerspruch einlegen.

Verwaltungsakte

Die Festsetzung der Leistungen nach dem ALG II setzt einen Bescheid voraus. Das ist eine rechtsverbindliche Mitteilung der Behörde, dass sie eine Leistung gewährt oder ablehnt. Dazu wird ein Berechnungsblatt verschickt, anhand dessen sich die Berechnung der Leistungshöhe überprüfen lässt.

Der Bescheid enthält außerdem eine Rechtsmittelbelehrung, aus der hervorgeht, in welcher Frist bei welcher Behörde Widerspruch eingelegt werden kann. Jeder Widerspruch muss fristgerecht innerhalb eines Monats ab Zustellung – hier gilt das Datum des Bescheids – in schriftlicher Form oder mündlich zur Niederschrift eingelegt werden.

Fristgerechter Widerspruch

Mit einem Widerspruch soll erreicht werden, dass die Behörde ihre Entscheidung noch einmal überprüft. Hierbei handelt es sich um ein kostenloses Verfahren, juristische Formulierungen sind nicht notwendig. Es reicht, wenn Sie einen Brief aufsetzen und erklären, warum Sie mit der Entscheidung der Behörde nicht einverstanden sind.

Schriftliche Mitteilung

Als Reaktion erfolgt eine schriftliche Mitteilung der Behörde, ob dem Widerspruch ganz oder teilweise stattgegeben oder ob er zurückgewiesen wurde. Diese Mitteilung enthält zudem eine Rechtsmittelbelehrung, bei welchem Gericht Klage zu erheben ist. Eine Klage muss fristgerecht innerhalb eines Monats ab Zugang des Widerspruchsbescheids über einen Rechtsanwalt eingereicht werden.

Nach § 39 SGB II haben Widerspruch und Klage keine aufschiebende Wirkung gegen einen Verwaltungsakt. Das heißt, die Entscheidung der Behörde gilt zunächst weiter, bis über den Widerspruch entschieden ist oder ein abschließendes Urteil ergeht. Ist eine Leistung nicht genehmigt oder gekürzt worden, muss deshalb im Wege der einstweiligen Anordnung vorgegangen werden. Dies geschieht, indem beim zuständigen Gericht der Erlass einer einstweiligen Anordnung beantragt wird.

Wohngeld

Finanzieller Zuschuss

Wohngeld wird vom Staat an diejenigen gezahlt, die aufgrund ihrer Einkommensverhältnisse nicht in der Lage sind, die Miete für eine angemessene Wohnung zu bezahlen. Keine Rolle spielt dabei, ob diese ein Alt- oder Neubau, eine Sozialwohnung oder frei finanziert ist. Bei Wohngeld handelt es sich um einen finanziellen Zuschuss, auf den ein Rechtsanspruch besteht. Für

Mieter wird er als Mietzuschuss gezahlt, für Eigentümer eines Eigenheims oder einer Eigentumswohnung als Lastenzuschuss. Um Wohngeld zu erhalten, muss – ebenso wie für das Kindergeld oder das Arbeitslosengeld II – ein Antrag beim Wohnungsamt gestellt werden.

Ob und wie viel Wohngeld gezahlt wird, hängt von verschiedenen Sachverhalten ab: Dabei spielen die Familiengröße, das Familieneinkommen, die Höhe der gezahlten Miete und die örtlichen Verhältnisse eine entscheidende Rolle. Die Höhe der gegebenenfalls gewährten Leistung lässt sich anhand dieser individuellen Angaben aus den offiziellen Wohngeldtabellen bei den Wohnungsämtern entnehmen.

Haushaltseinkommen

Zum Haushalt gehören alle dort tatsächlich lebenden Familienangehörigen, also zum Beispiel Mutter, Vater, Kinder, Tanten etc. Das Haushaltseinkommen setzt sich aus den Einkommen aller Familienmitglieder zusammen, abzüglich bestimmter Freibeträge zum Beispiel für Werbungskosten oder Arbeitslose. Als Mietkosten werden Miete und Nebenkosten angerechnet, nicht aber die Ausgaben für Heizung und Strom. In der Regel wird das Wohngeld von den zuständigen Ämtern für zwölf Monate geleistet.

BEISPIEL

Wohngeldberechnung: Dreipersonenhaushalt – Ehepaar mit Kind

Der Ehemann ist Arbeitnehmer und entrichtet gesetzliche Sozialversicherungsbeiträge. Die Mietwohnung wurde im Jahr 1972 gebaut, der Wohnort ist in die Mietstufe 3 eingeordnet.

Monatliches Bruttoeinkommen	1.650,00 Euro
Anzurechnendes Nettoeinkommen nach Abzug der Pauschalen	1.094,10 Euro
Monatliche Bruttokaltmiete	385,00 Euro
Zuschussfähige monatliche Miete (maximal 390,00 Euro pro Monat)	385,00 Euro
Wohngeld	68,00 Euro

Der Mietzuschuss von 68 Euro ergibt sich aus der Wohngeldtabelle für drei Familienmitglieder bei einem zu berücksichtigenden Haushaltseinkommen von mehr als 1.090 bis 1.100 Euro und einer zuschussfähigen Miete von mehr als 380 bis 390 Euro.

Wer Leistungen nach dem ALG II oder Sozialgeld bezieht, hat keinen Anspruch auf Wohngeld, da die Kosten für Unterkunft und Heizung übernommen werden.

Siehe Antrag Seite 6 „Weitere Angaben"

TIPP

Anspruch auf Wohngeld?

Dieser Sachverhalt gilt aber nicht für die Bezieher von Arbeitslosengeld. Sie haben einen Anspruch auf das Wohngeld und sollten in Hinsicht auf das ALG II auf jeden Fall prüfen, ob sie wohngeldberechtigt sind. Denn die Höhe des eventuell gezahlten ▶ *befristeten Zuschlags* im ALG II richtet sich nach dem Haushaltseinkommen in dem Zeitraum, in dem das Arbeitslosengeld bezogen wurde – und dieses wird durch das gezahlte Wohngeld erhöht.

Zumutbarkeit

„Dem erwerbsfähigen Hilfebedürftigen ist jede Arbeit zumutbar …" (§ 10 SGB II)

Im Unterschied zur bisherigen Regelung für Arbeitslosenhilfeempfänger ist für die Bezieher von ALG II im Prinzip jede Arbeit zumutbar, auch wenn sie zum Beispiel nicht der Ausbildung des Betreffenden entspricht, schlechter bezahlt ist oder der Arbeitsplatz weiter entfernt liegt als vorher. Das heißt, dass etwa ein Ingenieur auch als Monteur arbeiten muss oder ein Journalist als Küchenhelfer. Damit werden die Zumutbarkeitsregeln für die bisherigen Bezieher von Arbeitslosenhilfe deutlich verschärft und den Regelungen bei der Sozialhilfe angeglichen. Denn Sozialhilfeempfänger mussten schon bisher zur Überwindung ihrer Notlage eine Arbeit annehmen, auch wenn mit ihr ein sozialer Abstieg verbunden war. Zusätzlich ändern sich die Bedingungen für die Höhe der Entlohnung: Konnten Betroffene eine Arbeit bisher zurückweisen, wenn zum Beispiel nicht das tarifliche oder ortsübliche Entgeld bezahlt oder der Arbeitsplatz durch einen Arbeitskampf frei wurde, der Betreffende also zum „Streikbrecher" würde, muss unter ALG II auch eine bis zu 30 Prozent unter Tarif bezahlte Arbeit angenommen werden.

Höhe der Entlohnung

Wem welche Arbeit zugewiesen wird, liegt letztendlich im Ermessensspielraum des ▶*Fallmanagers*. Nimmt ein erwerbsfähiger Hilfebedürftiger eine „zumutbare" Arbeit nicht an, muss er beweisen, dass er dafür einen wichtigen Grund hat. Eine Arbeit ist dann nicht zumutbar, wenn

- der Hilfebedürftige dazu geistig, seelisch und körperlich nicht in der Lage ist,

- sie dem Hilfebedürftigen die künftige Ausübung seiner bisherigen überwiegenden Tätigkeit wesentlich erschweren würde, weil die bisherige Tätigkeit besondere körperliche Anforderungen stellt – zum Beispiel gilt dies für einen Klavierlehrer, der schwere Bauarbeitertätigkeit verrichten soll,
- sie die Erziehung eines Kindes gefährden würde. Die Erziehung eines Kindes, das älter als drei Jahre ist, gilt in der Regel als nicht gefährdet, soweit seine Betreuung in einer Tageseinrichtung oder in Tagespflege oder auf sonstige Weise sichergestellt ist. Damit ist klargestellt, dass bei einem Kind unter drei Jahren generell eine Arbeit nicht zugemutet werden darf,
- sie mit der Pflege eines Angehörigen nicht vereinbar wäre und die Pflege nicht auf andere Weise sichergestellt werden kann,
- ihrer Ausübung ein sonstiger wichtiger Grund entgegensteht, zum Beispiel eine schwere Krankheit des Hilfebedürftigen.

Fehlender Nachweis

Kann der Hilfebedürftige keinen derartigen Grund nachweisen, zum Beispiel per Attest oder Gutachten, wird in einer ersten Stufe die Regelleistung um 30 Prozent gekürzt und der befristete Zuschlag entfällt (▶*Leistungskürzung/Sanktionen*).

Wer ALG II bezieht, darf eine Arbeit nicht allein deswegen ablehnen,

- weil sie nicht dem früheren Beruf oder der Ausbildung entspricht;

- weil der Arbeitsplatz weiter entfernt ist als der frühere;
- weil die Bedingungen ungünstiger sind als bei der letzten Tätigkeit;
- weil sich der Lohn unterhalb des Tariflohns oder des ortsüblichen Entgelts bewegt. Allerdings darf die Entlohnung nicht gegen Gesetze oder die guten Sitten verstoßen. Mit Sittenwidrigkeit wird ein auffälliges Missverhältnis zwischen einer Leistung und einer Gegenleistung bezeichnet. So gilt ein Lohn, der ein Drittel unter dem ortsüblichen Durchschnittslohn liegt, für sittenwidrig.

Sittenwidrigkeit

58er-Regelung

„Abweichend von § 2 haben auch erwerbsfähige Hilfebedürftige Anspruch auf Leistungen zur Sicherung des Lebensunterhaltes, die das 58. Lebensjahr vollendet haben und die Regelvoraussetzungen des Anspruchs auf Leistungen zur Sicherung des Lebensunterhalts allein deshalb nicht erfüllen, weil sie nicht arbeitsbereit sind und nicht alle Möglichkeiten nutzen und nutzen wollen, ihre Hilfebedürftigkeit durch Aufnahme einer Arbeit zu beenden."
(§ 65 SGB II)

Viele Arbeitslose, die älter als 58 Jahre alt sind, haben sich dafür entschieden, das „Arbeitslosengeld unter erleichterten Voraussetzungen" (§ 428 SGB III) zu beziehen. Das heißt, sie bekommen weiter Arbeitslosenunterstützung vom Staat, obgleich sie sich nicht mehr bei der Bundesagentur für Arbeit melden müssen, um in Arbeit, eine zumutbare andere Arbeitsgelegenheit oder eine Fortbildungsmaßnahme vermittelt zu werden. Dieser staatlich bezuschusste Vorruhestand ist unter dem Namen „58er-Regelung“ bekannt. Die Bundesregierung hat diese Regelung eingerichtet, um ältere Arbeitslose, die nur geringe Chancen auf eine Arbeitsvermittlung haben, von den Meldeverpflichtungen zu befreien. Bisher haben rund 390.000 Arbeitnehmer eine entsprechende Vereinbarung mit der Bundesagentur für Arbeit getroffen, die bis zum Eintritt in das Rentenalter gilt.

Vorruhestand

Für diese „Vorruheständler“ wurde in der Grundsicherung für Arbeitsuchende eine Übergangsregelung getroffen: Danach haben die betroffenen bisherigen Arbeitslosenhilfebezieher ab dem 1.1.2005 Anspruch auf Arbeitslosengeld II, ohne dass sie der ansonsten geltenden Arbeitspflicht unterliegen. Dies soll sicherstellen, dass Arbeitsuchende, die im Vertrauen auf die Vereinbarung eine Wiedereingliederung in den Arbeitsmarkt nicht mehr anstreben und deshalb aus der Vermittlung durch die Bundesagentur ausgeschieden sind, ihre Lebensplanung nicht ändern müssen. Ist der Arbeitsuchende aber bereit zu arbeiten, kann er die Vereinbarung jederzeit widerrufen und sodann die Vermittlungs- und Förderungsmöglichkeiten nach Hartz IV in Anspruch nehmen.

Übergangsregelung

Allerdings müssen die „58er“ ab 1.1.2005 mit den Regelsätzen des ALG II auskommen: Denn mit der Abschaffung der Arbeitslosenhilfe gelten auch für die „Vorruheständler" die Regelsätze von 345 Euro in den alten beziehungsweise 331 Euro in den neuen Bundesländern pro Monat. Bisher erhielten Arbeitslose zwischen 53 und 57 Prozent ihres früheren Nettolohns als Arbeitslosenhilfe. Die Übergangsregelung für die „58er" ist befristet und gilt ab 1.1.2006 nur noch dann, wenn der Anspruch vor diesem Datum entstanden ist. Das heißt, dass diese Regelung ausläuft.

Hartz IV im Vergleich – Berechnungsbeispiele

Leistungen nach ALG II

Die folgenden Berechnungsbeispiele zeigen, wie verschieden große Haushalte mit einem unterschiedlich hohen früheren Einkommen nun mit den Leistungen nach dem neuen Arbeitslosengeld II finanziell dastehen.[7] So wird der Unterschied zwischen dem monatlichen Haushaltseinkommen bei einem früheren Bezug von Arbeitslosenhilfe und dem Bezug des Arbeitslosengeldes II deutlich sichtbar.

Das Haushaltseinkommen bei Arbeitslosenhilfe setzte sich aus der Arbeitslosenhilfe selbst und gegebenenfalls aus Wohngeld und Kindergeld zusammen. Hinzu kam, falls die Summe unterhalb des Bedarfs nach dem Sozialhilfegesetz lag, ein Betrag an ergänzender Sozialhilfe.

7 Die Berechnungsbeispiele beruhen auf Angaben des Bundesministeriums für Wirtschaft und Arbeit vom August 2004.

Beispiel: Verfügte eine allein erziehende Mutter mit einem Kind über ein Einkommen von 973,73 Euro (Arbeitslosenhilfe plus Wohngeld plus Kindergeld) pro Monat, so wurde vom Sozialamt eine ergänzende Sozialhilfe in Höhe von 104,52 Euro monatlich gezahlt, damit das Haushaltseinkommen ihren sozialhilferechtlichen Bedarf erreichte. Der sozialhilferechtliche Bedarf setzte sich aus den Regelsätzen der Sozialhilfe, dem Mehrbedarf für Alleinerziehende sowie den Kosten für Unterkunft und Heizung zusammen.

Bedarf

Das Haushaltseinkommen bei Arbeitslosengeld II/Sozialgeld setzt sich aus den Regelleistungen, dem Mehrbedarf zum Beispiel für Alleinerziehende sowie den Kosten für Unterkunft und Heizung zusammen. Von diesem Betrag (dem „Bedarf") wird das anzurechnende Einkommen abgezogen, dazu gehört auch das Kindergeld. Hinzugezahlt wird aber wieder, falls entsprechende Umstände gegeben sind, ein befristeter Zuschlag, der für zwei Jahre in unterschiedlicher Höhe gilt.

Zusammenfassend lässt sich sagen: Die folgenden Beispiele zeigen, dass die Bezieher früherer geringer Einkommen und Familien ab drei Kindern mit dem ALG II kaum schlechter, manchmal besser gestellt sind.

So kam zum Beispiel ein Alleinlebender mit einem monatlichen Bruttoverdienst von 1.500 Euro in den alten Bundesländern mit der Arbeitslosenhilfe auf ein

Haushaltseinkommen von 659 Euro. Im ersten Jahr mit Arbeitslosengeld II verfügt er hingegen über ein Haushaltseinkommen in Höhe von 693 Euro und im dritten Jahr nach Wegfall des befristeten Zuschlags noch über insgesamt 662 Euro monatlich (vergleiche Beispiel Seite 126).

BEISPIEL 1: Unterschied im Haushaltseinkommen nach Arbeitslosenhilfe und Arbeitslosengeld II

ALLEINSTEHENDE/R (WEST), FRÜHERES BRUTTOEINKOMMEN 1.500 EURO			
	Arbeitslosenhilfe	Arbeitslosengeld II	Unterschied
1. Jahr	659,00 Euro	693,00 Euro	+ 34 Euro
2. Jahr	659,00 Euro	678,00 Euro	+ 19 Euro
3. Jahr	659,00 Euro	662,00 Euro	+ 3 Euro

Anders sieht es bei Personen und Haushalten aus, die früher über ein mittleres Einkommen verfügten. Sie müssen mit dem Arbeitslosengeld II teilweise drastische Einbußen hinnehmen (vergleiche Beispiel Seite 135).

BEISPIEL 2: Unterschied im Haushaltseinkommen nach Arbeitslosenhilfe und Arbeitslosengeld II

ALLEINSTEHENDE/R (OST), FRÜHERES BRUTTOEINKOMMEN 3.000 EURO			
	Arbeitslosenhilfe	Arbeitslosengeld II	Unterschied
1. Jahr	880,66 Euro	739,00 Euro	– 141,66 Euro
2. Jahr	880,66 Euro	659,00 Euro	– 221,66 Euro
3. Jahr	880,66 Euro	579,00 Euro	– 301,66 Euro

Berechnungsbeispiele alte Bundesländer

ALLEINSTEHENDE/R, FRÜHERES BRUTTOEINKOMMEN 1.500 EURO (MIETE UND HEIZUNG 317 EURO)	
1. Bisheriges Haushaltseinkommen bei Bezug von Arbeitslosenhilfe	
Arbeitslosenhilfe pro Monat	552,07 Euro
Wohngeld	106,93 Euro
Kindergeld	–
Einkommen ohne Sozialhilfe	*659,00 Euro*
Sozialhilfe	–
2. Haushaltseinkommen bei Bezug von ALG II/Sozialgeld	
Regelleistung	345,00 Euro
Unterkunft und Heizung	317,00 Euro
Bedarf insgesamt	*662,00 Euro*
2.1 Anzurechnendes Einkommen	
Kindergeld	–
sonstiges anzurechnendes Einkommen	–
Bedarf abzgl. Einkommen	*662,00 Euro*
2.2 Berechnung ALG II	
Bedarf abzgl. Einkommen	662,00 Euro
zzgl. befristeter Zuschlag im 1. Jahr	+ 31,00 Euro
zzgl. befristeter Zuschlag im 2. Jahr	+ 16,00 Euro
2.3 Haushaltseinkommen mit ALG II/Sozialgeld	
im 1. Jahr	693,00 Euro
im 2. Jahr	678,00 Euro
im 3. Jahr	662,00 Euro
3. Tendenz bei Bezug von ALG II/Sozialgeld im Vergleich zur früheren Arbeitslosenhilfe	
im 1. Jahr	+34,00 Euro
im 2. Jahr	+19,00 Euro
im 3. Jahr	+3,00 Euro

Vergleich

ALLEINSTEHENDE/R, FRÜHERES BRUTTOEINKOMMEN 3.000 EURO (MIETE UND HEIZUNG 317 EURO)	
1. Bisheriges Haushaltseinkommen bei Bezug von Arbeitslosenhilfe	
Arbeitslosenhilfe pro Monat	906,66 Euro
Wohngeld	–
Kindergeld	–
Einkommen ohne Sozialhilfe	*906,66 Euro*
Sozialhilfe	–
2. Haushaltseinkommen bei Bezug von ALG II/Sozialgeld	
Regelleistung	345,00 Euro
Unterkunft und Heizung	317,00 Euro
Bedarf insgesamt	*662,00 Euro*
2.1 Anzurechnendes Einkommen	
Kindergeld	–
sonstiges anzurechnendes Einkommen	–
Bedarf abzgl. Einkommen	*662,00 Euro*
2.2 Berechnung ALG II	
Bedarf abzgl. Einkommen	662,00 Euro
zzgl. befristeter Zuschlag im 1. Jahr	+ 160,00 Euro
zzgl. befristeter Zuschlag im 2. Jahr	+ 80,00 Euro
2.3 Haushaltseinkommen mit ALG II/Sozialgeld	
im 1. Jahr	822,00 Euro
im 2. Jahr	742,00 Euro
im 3. Jahr	662,00 Euro
3. Tendenz bei Bezug von ALG II/Sozialgeld im Vergleich zur früheren Arbeitslosenhilfe	
im 1. Jahr	–84,66 Euro
im 2. Jahr	–164,66 Euro
im 3. Jahr	–244.66 Euro

Vergleich

Vergleich

ALLEINERZIEHENDE/R MIT EINEM KIND (VIER JAHRE), FRÜHERES BRUTTOEINKOMMEN 1.500 EURO (MIETE UND HEIZUNG 414 EURO)	
1. Bisheriges Haushaltseinkommen bei Bezug von Arbeitslosenhilfe	
Arbeitslosenhilfe pro Monat	612,73 Euro
Wohngeld	207,00 Euro
Kindergeld	154,00 Euro
Einkommen ohne Sozialhilfe	*973,73 Euro*
ergänzende Sozialhilfe	104,52 Euro
Haushaltseinkommen	*1.078,25 Euro*
2. Haushaltseinkommen bei Bezug von ALG II/Sozialgeld	
Regelleistung	345,00 Euro
Mehrbedarf für Alleinerziehende	124,00 Euro
Regelleistung Kind	207,00 Euro
Unterkunft und Heizung	414,00 Euro
Bedarf insgesamt	*1.090,00 Euro*
2.1 Anzurechnendes Einkommen	
Kindergeld	– 154,00 Euro
sonstiges anzurechnendes Einkommen	–
Bedarf abzgl. Einkommen	*936,00 Euro*
2.2 Berechnung ALG II	
Bedarf abzgl. Einkommen	936,00 Euro
zzgl. befristeter Zuschlag im 1. Jahr	–
zzgl. befristeter Zuschlag im 2. Jahr	–
2.3 Haushaltseinkommen mit ALG II/Sozialgeld (+ Kindergeld)	
im 1. Jahr	1.090,00 Euro
im 2. Jahr	1.090,00 Euro
im 3. Jahr	1.090,00 Euro
3. Tendenz bei Bezug von ALG II/Sozialgeld im Vergleich zur früheren Arbeitslosenhilfe	
im 1. Jahr	+11,75 Euro
im 2. Jahr	+11,75 Euro
im 3. Jahr	+11,75 Euro

ALLEINERZIEHENDE/R MIT EINEM KIND (VIER JAHRE), FRÜHERES BRUTTOEINKOMMEN 2.000 EURO (MIETE UND HEIZUNG 414 EURO)	
1. Bisheriges Haushaltseinkommen bei Bezug von Arbeitslosenhilfe	
Arbeitslosenhilfe pro Monat	748,63 Euro
Wohngeld	139,00 Euro
Kindergeld	154,00 Euro
Einkommen ohne Sozialhilfe	*1.041,63 Euro*
ergänzende Sozialhilfe	36,62 Euro
Haushaltseinkommen	*1.078,25 Euro*
2. Haushaltseinkommen bei Bezug von ALG II/Sozialgeld	
Regelleistung	345,00 Euro
Mehrbedarf für Alleinerziehende	124,00 Euro
Regelleistung Kind	207,00 Euro
Unterkunft und Heizung	414,00 Euro
Bedarf insgesamt	*1.090,00 Euro*
2.1 Anzurechnendes Einkommen	
Kindergeld	– 154,00 Euro
sonstiges anzurechnendes Einkommen	–
Bedarf abzgl. Einkommen	*936,00 Euro*
2.2 Berechnung ALG II	
Bedarf abzgl. Einkommen	936,00 Euro
zzgl. befristeter Zuschlag im 1. Jahr	+ 26,00 Euro
zzgl. befristeter Zuschlag im 2. Jahr	+ 13,00 Euro
2.3 Haushaltseinkommen mit ALG II/Sozialgeld (+ Kindergeld)	
im 1. Jahr	1.116,00 Euro
im 2. Jahr	1.103,00 Euro
im 3. Jahr	1.090,00 Euro
3. Tendenz bei Bezug von ALG II/Sozialgeld im Vergleich zur früheren Arbeitslosenhilfe	
im 1. Jahr	+37,75 Euro
im 2. Jahr	+24,75 Euro
im 3. Jahr	+11,75 Euro

Vergleich

Vergleich

ALLEINERZIEHENDE/R MIT EINEM KIND (VIER JAHRE), FRÜHERES BRUTTOEINKOMMEN 3.000 EURO (MIETE UND HEIZUNG 414 EURO)	
1. Bisheriges Haushaltseinkommen bei Bezug von Arbeitslosenhilfe	
Arbeitslosenhilfe pro Monat	999,48 Euro
Wohngeld	54,00 Euro
Kindergeld	154,00 Euro
Einkommen ohne Sozialhilfe	*1.207,48 Euro*
ergänzende Sozialhilfe	–
Haushaltseinkommen	*1.207,48 Euro*
2. Haushaltseinkommen bei Bezug von ALG II/Sozialgeld	
Regelleistung	345,00 Euro
Mehrbedarf für Alleinerziehende	124,00 Euro
Regelleistung Kind	207,00 Euro
Unterkunft und Heizung	414,00 Euro
Bedarf insgesamt	*1.090,00 Euro*
2.1 Anzurechnendes Einkommen	
Kindergeld	– 154,00 Euro
sonstiges anzurechnendes Einkommen	–
Bedarf abzgl. Einkommen	*936,00 Euro*
2.2 Berechnung ALG II	
Bedarf abzgl. Einkommen	936,00 Euro
zzgl. befristeter Zuschlag im 1. Jahr	+ 159,00 Euro
zzgl. befristeter Zuschlag im 2. Jahr	+ 80,00 Euro
2.3 Haushaltseinkommen mit ALG II/Sozialgeld (+ Kindergeld)	
im 1. Jahr	1.249,00 Euro
im 2. Jahr	1.170,00 Euro
im 3. Jahr	1.090,00 Euro
3. Tendenz bei Bezug von ALG II/Sozialgeld im Vergleich zur früheren Arbeitslosenhilfe	
im 1. Jahr	+41,52 Euro
im 2. Jahr	–37,48 Euro
im 3. Jahr	–117,48 Euro

(EHE-)PAAR, EIN KIND (VIER JAHRE), FRÜHERES BRUTTOEINKOMMEN 2.000 EURO (MIETE UND HEIZUNG 482 EURO)	
1. Bisheriges Haushaltseinkommen bei Bezug von Arbeitslosenhilfe	
Arbeitslosenhilfe pro Monat	874,81 Euro
Wohngeld	170,00 Euro
Kindergeld	154,00 Euro
Einkommen ohne Sozialhilfe	*1.198,81 Euro*
ergänzende Sozialhilfe	140,44 Euro
Haushaltseinkommen	*1.339,25 Euro*
2. Haushaltseinkommen bei Bezug von ALG II/Sozialgeld	
Regelleistung bei Partnerschaft	311,00 Euro
Regelleistung bei Partnerschaft	311,00 Euro
Regelleistung Kind	207,00 Euro
Unterkunft und Heizung	482,00 Euro
Bedarf insgesamt	*1.311,00 Euro*
2.1 Anzurechnendes Einkommen	
Kindergeld	– 154,00 Euro
sonstiges anzurechnendes Einkommen	–
Bedarf abzgl. Einkommen	*1.157,00 Euro*
2.2 Berechnung ALG II	
Bedarf abzgl. Einkommen	1.157,00 Euro
zzgl. befristeter Zuschlag im 1. Jahr	–
zzgl. befristeter Zuschlag im 2. Jahr	–
2.3 Haushaltseinkommen mit ALG II/Sozialgeld (+ Kindergeld)	
im 1. Jahr	1.311,00 Euro
im 2. Jahr	1.311,00 Euro
im 3. Jahr	1.311,00 Euro
3. Tendenz bei Bezug von ALG II/Sozialgeld im Vergleich zur früheren Arbeitslosenhilfe	
im 1. Jahr	–28,25 Euro
im 2. Jahr	–28,25 Euro
im 3. Jahr	–28,25 Euro

Vergleich

Vergleich

(EHE-)PAAR, ZWEI KINDER (VIER UND ZWÖLF JAHRE), FRÜHERES BRUTTOEINKOMMEN 3.000 EURO (MIETE UND HEIZUNG 538 EURO)	
1. Bisheriges Haushaltseinkommen bei Bezug von Arbeitslosenhilfe	
Arbeitslosenhilfe pro Monat	1.174,51 Euro
Wohngeld	188,00 Euro
Kindergeld	308,00 Euro
Einkommen ohne Sozialhilfe	*1.670,51 Euro*
ergänzende Sozialhilfe	–
Haushaltseinkommen	*1.670,51 Euro*
2. Haushaltseinkommen bei Bezug von ALG II/Sozialgeld	
Regelleistung bei Partnerschaft	311,00 Euro
Regelleistung bei Partnerschaft	311,00 Euro
Regelleistung Kind	207,00 Euro
Regelleistung Kind	207,00 Euro
Unterkunft und Heizung	538,00 Euro
Bedarf insgesamt	*1.574,00 Euro*
2.1 Anzurechnendes Einkommen	
Kindergeld	– 308,00 Euro
sonstiges anzurechnendes Einkommen	–
Bedarf abzgl. Einkommen	*1.266,00 Euro*
2.2 Berechnung ALG II	
Bedarf abzgl. Einkommen	1.266,00 Euro
zzgl. befristeter Zuschlag im 1. Jahr	+ 165,00 Euro
zzgl. befristeter Zuschlag im 2. Jahr	+ 83,00 Euro
2.3 Haushaltseinkommen mit ALG II/Sozialgeld (+ Kindergeld)	
im 1. Jahr	1.739,00 Euro
im 2. Jahr	1.657,00 Euro
im 3. Jahr	1.574,00 Euro
3. Tendenz bei Bezug von ALG II/Sozialgeld im Vergleich zur früheren Arbeitslosenhilfe	
im 1. Jahr	+68,49 Euro
im 2. Jahr	–13,51 Euro
im 3. Jahr	–96,51 Euro

(EHE-)PAAR, DREI KINDER (VIER, ZWÖLF UND 15 JAHRE), FRÜHERES BRUTTOEINKOMMEN 3.000 EURO (MIETE UND HEIZUNG 607 EURO)	
1. Bisheriges Haushaltseinkommen bei Bezug von Arbeitslosenhilfe	
Arbeitslosenhilfe pro Monat	1.174,51 Euro
Wohngeld	250,00 Euro
Kindergeld	462,00 Euro
Einkommen ohne Sozialhilfe	1.886,51 Euro
ergänzende Sozialhilfe	45,99 Euro
Haushaltseinkommen	1.932,50 Euro
2. Haushaltseinkommen bei Bezug von ALG II/Sozialgeld	
Regelleistung bei Partnerschaft	311,00 Euro
Regelleistung bei Partnerschaft	311,00 Euro
Regelleistung Kind 15 Jahre	276,00 Euro
Regelleistung Kind	207,00 Euro
Regelleistung Kind	207,00 Euro
Unterkunft und Heizung	607,00 Euro
Bedarf insgesamt	*1.919,00 Euro*
2.1 Anzurechnendes Einkommen	
Kindergeld	– 462,00 Euro
sonstiges anzurechnendes Einkommen	–
Bedarf abzgl. Einkommen	*1.457,00 Euro*
2.2 Berechnung ALG II	
Bedarf abzgl. Einkommen	1.457,00 Euro
zzgl. befristeter Zuschlag im 1. Jahr	+ 81,00 Euro
zzgl. befristeter Zuschlag im 2. Jahr	+ 41,00 Euro
2.3 Haushaltseinkommen mit ALG II/Sozialgeld (+ Kindergeld)	
im 1. Jahr	2.000,00 Euro
im 2. Jahr	1.960,00 Euro
im 3. Jahr	1.919,00 Euro
3. Tendenz bei Bezug von ALG II/Sozialgeld im Vergleich zur früheren Arbeitslosenhilfe	
im 1. Jahr	+67,50 Euro
im 2. Jahr	+27,50 Euro
im 3. Jahr	–13,50 Euro

Vergleich

Berechnungsbeispiele neue Bundesländer

ALLEINSTEHENDE/R, FRÜHERES BRUTTOEINKOMMEN 1.500 EURO (MIETE UND HEIZUNG 248 EURO)	
1. Bisheriges Haushaltseinkommen bei Bezug von Arbeitslosenhilfe	
Arbeitslosenhilfe pro Monat	552,07 Euro
Wohngeld	64,00 Euro
Kindergeld	–
Einkommen ohne Sozialhilfe	*616,07 Euro*
Sozialhilfe	–
2. Haushaltseinkommen bei Bezug von ALG II/Sozialgeld	
Regelleistung	331,00 Euro
Unterkunft und Heizung	248,00 Euro
Bedarf insgesamt	*579,00 Euro*
2.1 Anzurechnendes Einkommen	
Kindergeld	–
sonstiges anzurechnendes Einkommen	–
Bedarf abzgl. Einkommen	*579,00 Euro*
2.2 Berechnung ALG II	
Bedarf abzgl. Einkommen	579,00 Euro
zzgl. befristeter Zuschlag im 1. Jahr	+ 58,00 Euro
zzgl. befristeter Zuschlag im 2. Jahr	+ 29,00 Euro
2.3 Haushaltseinkommen mit ALG II/Sozialgeld	
im 1. Jahr	637,00 Euro
im 2. Jahr	608,00 Euro
im 3. Jahr	579,00 Euro
3. Tendenz bei Bezug von ALG II/Sozialgeld im Vergleich zur früheren Arbeitslosenhilfe	
im 1. Jahr	+20,93 Euro
im 2. Jahr	–8,07 Euro
im 3. Jahr	–37,07 Euro

Vergleich

ALLEINSTEHENDE/R, FRÜHERES BRUTTOEINKOMMEN 3.000 EURO (MIETE UND HEIZUNG 248 EURO)	
1. Bisheriges Haushaltseinkommen bei Bezug von Arbeitslosenhilfe	
Arbeitslosenhilfe pro Monat	880,66 Euro
Wohngeld	–
Kindergeld	–
Einkommen ohne Sozialhilfe	*880,66 Euro*
Sozialhilfe	–
2. Haushaltseinkommen bei Bezug von ALG II/Sozialgeld	
Regelleistung	331,00 Euro
Unterkunft und Heizung	248,00 Euro
Bedarf insgesamt	*579,00 Euro*
2.1 Anzurechnendes Einkommen	
Kindergeld	–
sonstiges anzurechnendes Einkommen	–
Bedarf abzgl. Einkommen	*579,00 Euro*
2.2 Berechnung ALG II	
Bedarf abzgl. Einkommen	579,00 Euro
zzgl. befristeter Zuschlag im 1. Jahr	+ 160,00 Euro
zzgl. befristeter Zuschlag im 2. Jahr	+ 80,00 Euro
2.3 Haushaltseinkommen mit ALG II/Sozialgeld	
im 1. Jahr	739,00 Euro
im 2. Jahr	659,00 Euro
im 3. Jahr	579,00 Euro
3. Tendenz bei Bezug von ALG II/Sozialgeld im Vergleich zur früheren Arbeitslosenhilfe	
im 1. Jahr	–141,66 Euro
im 2. Jahr	–221,66 Euro
im 3. Jahr	–301,66 Euro

Vergleich

Vergleich

ALLEINERZIEHENDE/R MIT EINEM KIND (ZWÖLF JAHRE), FRÜHERES BRUTTOEINKOMMEN 1.500 EURO (MIETE UND HEIZUNG 347 EURO)	
1. Bisheriges Haushaltseinkommen bei Bezug von Arbeitslosenhilfe	
Arbeitslosenhilfe pro Monat	612,73 Euro
Wohngeld	143,00 Euro
Kindergeld	154,00 Euro
Einkommen ohne Sozialhilfe	*909,73 Euro*
ergänzende Sozialhilfe	–
Haushaltseinkommen	909,73 Euro
2. Haushaltseinkommen bei Bezug von ALG II/Sozialgeld	
Regelleistung	331,00 Euro
Mehrbedarf für Alleinerziehende	40,00 Euro
Regelleistung Kind	199,00 Euro
Unterkunft und Heizung	347,00 Euro
Bedarf insgesamt	*917,00 Euro*
2.1 Anzurechnendes Einkommen	
Kindergeld	– 154,00 Euro
sonstiges anzurechnendes Einkommen	–
Bedarf abzgl. Einkommen	*763,00 Euro*
2.2 Berechnung ALG II	
Bedarf abzgl. Einkommen	763,00 Euro
zzgl. befristeter Zuschlag im 1. Jahr	+ 47,00 Euro
zzgl. befristeter Zuschlag im 2. Jahr	+ 24,00 Euro
2.3 Haushaltseinkommen mit ALG II/Sozialgeld (+ Kindergeld)	
im 1. Jahr	964,00 Euro
im 2. Jahr	941,00 Euro
im 3. Jahr	917,00 Euro
3. Tendenz bei Bezug von ALG II/Sozialgeld im Vergleich zur früheren Arbeitslosenhilfe	
im 1. Jahr	+54,27 Euro
im 2. Jahr	+31,27 Euro
im 3. Jahr	+7,27 Euro

(EHE-)PAAR, EIN KIND (VIER JAHRE), FRÜHERES BRUTTOEINKOMMEN 2.000 EURO (MIETE UND HEIZUNG 392 EURO)	
1. Bisheriges Haushaltseinkommen bei Bezug von Arbeitslosenhilfe	
Arbeitslosenhilfe pro Monat	874,81 Euro
Wohngeld	124,00 Euro
Kindergeld	154,00 Euro
Einkommen ohne Sozialhilfe	*1.152,81 Euro*
ergänzende Sozialhilfe	68,44 Euro
Haushaltseinkommen	*1.221,25 Euro*
2. Haushaltseinkommen bei Bezug von ALG II/Sozialgeld	
Regelleistung bei Partnerschaft	298,00 Euro
Regelleistung bei Partnerschaft	298,00 Euro
Regelleistung Kind	199,00 Euro
Unterkunft und Heizung	392,00 Euro
Bedarf insgesamt	1.187,00 Euro
2.1 Anzurechnendes Einkommen	
Kindergeld	– 154,00 Euro
sonstiges anzurechnendes Einkommen	–
Bedarf abzgl. Einkommen	*1.033,00 Euro*
2.2 Berechnung ALG II	
Bedarf abzgl. Einkommen	1.033,00 Euro
zzgl. befristeter Zuschlag im 1. Jahr	+ 53,00 Euro
zzgl. befristeter Zuschlag im 2. Jahr	+ 27,00 Euro
2.3 Haushaltseinkommen mit ALG II/Sozialgeld (+ Kindergeld)	
im 1. Jahr	1.240,00 Euro
im 2. Jahr	1.214,00 Euro
im 3. Jahr	1.187,00 Euro
3. Tendenz bei Bezug von ALG II/Sozialgeld im Vergleich zur früheren Arbeitslosenhilfe	
im 1. Jahr	+18,75 Euro
im 2. Jahr	–7,25 Euro
im 3. Jahr	–34,25 Euro

Vergleich

Vergleich

(EHE-)PAAR, ZWEI KINDER (VIER UND ZWÖLF JAHRE), FRÜHERES BRUTTOEINKOMMEN 3.000 EURO (MIETE UND HEIZUNG 441 EURO)	
1. Bisheriges Haushaltseinkommen bei Bezug von Arbeitslosenhilfe	
Arbeitslosenhilfe pro Monat	1.174,51 Euro
Wohngeld	131,00 Euro
Kindergeld	308,00 Euro
Einkommen ohne Sozialhilfe	*1.613,51 Euro*
ergänzende Sozialhilfe	–
Haushaltseinkommen	*1.613,51 Euro*
2. Haushaltseinkommen bei Bezug von ALG II/Sozialgeld	
Regelleistung bei Partnerschaft	298,00 Euro
Regelleistung bei Partnerschaft	298,00 Euro
Regelleistung Kind	199,00 Euro
Regelleistung Kind	199,00 Euro
Unterkunft und Heizung	441,00 Euro
Bedarf insgesamt	*1.435,00 Euro*
2.1 Anzurechnendes Einkommen	
Kindergeld	– 308,00 Euro
sonstiges anzurechnendes Einkommen	–
Bedarf abzgl. Einkommen	*1.127,00 Euro*
2.2 Berechnung ALG II	
Bedarf abzgl. Einkommen	1.127,00 Euro
zzgl. befristeter Zuschlag im 1. Jahr	+ 225,00 Euro
zzgl. befristeter Zuschlag im 2. Jahr	+ 113,00 Euro
2.3 Haushaltseinkommen mit ALG II/Sozialgeld (+ Kindergeld)	
im 1. Jahr	1.660,00 Euro
im 2. Jahr	1.548,00 Euro
im 3. Jahr	1.435,00 Euro
3. Tendenz bei Bezug von ALG II/Sozialgeld im Vergleich zur früheren Arbeitslosenhilfe	
im 1. Jahr	+46,49 Euro
im 2. Jahr	–65,51 Euro
im 3. Jahr	–178,51 Euro

(EHE-)PAAR, DREI KINDER (VIER, ZWÖLF UND 15 JAHRE), FRÜHERES BRUTTOEINKOMMEN 3.000 EURO (MIETE UND HEIZUNG 486 EURO)	
1. Bisheriges Haushaltseinkommen bei Bezug von Arbeitslosenhilfe	
Arbeitslosenhilfe pro Monat	1.174,51 Euro
Wohngeld	183,00 Euro
Kindergeld	462,00 Euro
Einkommen ohne Sozialhilfe	*1.819,51 Euro*
ergänzende Sozialhilfe	–
Haushaltseinkommen	*1.819,51 Euro*
2. Haushaltseinkommen bei Bezug von ALG II/Sozialgeld	
Regelleistung bei Partnerschaft	298,00 Euro
Regelleistung bei Partnerschaft	298,00 Euro
Regelleistung Kind 15 Jahre	265,00 Euro
Regelleistung Kind	199,00 Euro
Regelleistung Kind	199,00 Euro
Unterkunft und Heizung	486,00 Euro
Bedarf insgesamt	*1.745,00 Euro*
2.1 Anzurechnendes Einkommen	
Kindergeld	– 462,00 Euro
sonstiges anzurechnendes Einkommen	–
Bedarf abzgl. Einkommen	*1.283,00 Euro*
2.2 Berechnung ALG II	
Bedarf abzgl. Einkommen	1.283,00 Euro
zzgl. befristeter Zuschlag im 1. Jahr	+ 157,00 Euro
zzgl. befristeter Zuschlag im 2. Jahr	+ 79,00 Euro
2.3 Haushaltseinkommen mit ALG II/Sozialgeld (+ Kindergeld)	
im 1. Jahr	1.902,00 Euro
im 2. Jahr	1.824,00 Euro
im 3. Jahr	1.745,00 Euro
3. Tendenz bei Bezug von ALG II/Sozialgeld im Vergleich zur früheren Arbeitslosenhilfe	
im 1. Jahr	+82,49 Euro
im 2. Jahr	+4,49 Euro
im 3. Jahr	–74,51 Euro

Vergleich